?ㅓ쩌다
직업상담사!

?어쩌다
직업상담사!

시험 준비부터 현장 실무까지
503일의 기록

강미교 지음

중앙경제평론사

◦── 프롤로그 ──◦

그때는 몰랐다. 이것이 해피엔딩으로 끝날지 새드엔딩으로 끝날지….

'이 직업은 왜 이럴까?'

'어떤 사람들이 직업상담사를 하는 것일까?'

직업상담사 시험을 준비하면서 자연스럽게 이 직업을 알게 되자 호기심이 일었다. 일이 그렇게 힘들다면서, 박봉이라면서, 그럼에도 불구하고 하려는 사람은 또 많고, 상황은 나아지지 않고….

노동자의 삶을 느껴보기 위해 공장에 취업했다는 국회의원 같은 경우는 아니었지만 나는 직업상담사란 직업을 들여다보고 파헤쳐 보고 싶었다. 호랑이를 잡으려면 호랑이 굴에 들어가야 한다니 말이다.

매일매일 쏟아지는 사건사고에 차고 넘치는 에피소드…. 입직

후 날이 갈수록 직업상담사의 실체를 진실되게 보여줘야겠다는 생각이 강해졌다. 그래서 이 책은 그동안 취재기자처럼 써 내려간 직업상담사 15개월간의 기록을 담았다. 온갖 경험이 없었다면 불가능했을 일이다. 여러분들은 이 책을 통해 여러 가지 경험을 미리 배워두면 좋겠다. 나와 같은 시행착오를 겪지 않아도 터득할 수 있다는 얘기다.

직업상담사가 되기 전 이미 오랫동안 사회생활을 했고, 특히 여러 직업군을 상대할 기회가 있었던 특수성 때문에 새로 시작하는 이 일 역시 잘할 수 있을 거란 자신감을 가지고 취업했다.

'아, 이거구나. 사람들이 말했던 게 이거구나.'

이렇게 느낀 건 첫 출근하고 보름이 채 되지 않았을 때다. 이미 컨베이어 벨트는 빠르게 돌아가고 있고, 난 그 앞에 서 있고, 손에는 볼트, 너트를 죄는 드라이버가 쥐어져 있었다.

'실수 없이 해야 한다.'

하지만 시간이 지나자 처음의 각오와는 달리 '쳐낸다'는 느낌으로 일하고 있는 나를 발견했다. 내가 하는 일은 그 정도의 물량(?)이었다.

기록은 기억을 이긴다.

직업상담사 자격증을 취득했지만 이것만으로 현장에서 바로 일하긴 뭔가 불안해 실무과정을 찾아 들었다. 이후 모든 구직자들처럼 나 역시 이력서와 자기소개서를 만들고 면접을 봤다. 운 좋게 회사에 입직하고 나니 목표한 것을 다 해낸 느낌이었다.

하지만 한국형 실업부조 '국민취업지원제도' 첫 시행 앞에 난 말 그대로 멘붕이 왔고 이 상황은 거의 반년 이상 지속되었다. 그리고 내가 이 일을 하지 않았다면 만날 가능성이 제로에 가까운 '90년대생들'을 대면하게 되었다. 그러면서 나의 의식에 뭔가가 일어나기 시작했다. 이걸 써야겠다, 기록해야겠다.

직업상담사의, 직업상담사에 의한, 직업상담사를 위한.

직업상담사를 검색하면 죄다 자격증 책뿐이다. 실무 관련 책은 거의 없다. 겨우 찾은 책 몇 권은 절판이거나 그나마 기본적인 내용만 다루고 있어 현장감이 없었다. 우리나라에 직업상담사가 몇 명인데 어떻게 이럴 수가 있나 싶었다.

내가 겪은 시행착오를 줄이는 데 도움이 된다면, 나침반이나 등대처럼 어디로 나아갈지 막막한 순간에서 이정표 역할을 할 수 있는 책이 있다면….

처음에는 자격증 취득부터 입직까지 한 권으로 볼 수 있는 가이드북이 있으면 좋겠다는 생각이었다. 관련 카페를 가입해서 볼 수도 있지만 모든 내용을 검색으로 알아보려면 시간이 많이 걸리고 답변이 충분하지 않을 때도 있다. 내가 한 질문의 답이 편파적일 때도 많다. 내 질문을 그때 마침 보게 된 친절한(?) 누군가의 답변에 의지하게 되는 것이다.

그래서 직업상담사 자격증을 취득하려는 사람부터 신입 상담사들까지, 그들에게 내가 직간접적으로 경험한 사실을 바탕으로 도움이 되는 내용을 최대한 담으려고 했다. 이 책이 예비 상담사에게는 간접경험을 제공하고, 신입 상담사에게는 프로처럼 일할 수 있는 시크릿북 역할을 하길 바란다.

'직업상담사 자격증이나 따볼까? 혹은 자격요건도 없는데 직업상담사나 해볼까?' 하는 사람이라면 이 책을 통해 전후를 알아본 뒤 정말 이 일을 할 것인지 마음속 소리를 듣길 바란다. 그래서 이 일을 할 때 최소한 사명감 비슷한 것이라도 가졌으면 한다. 이왕 할 일이라면 책임의식을 가지고 일해야 참여자도 성장하고 직업상담사도 전문가로 자리 잡게 된다.

다만 직업상담사의 근무처는 다양하기 때문에 이 책의 내용이 모든 직업상담사의 상황을 대변하는 것은 아니다. 필자만의 경험을 바탕으로 한 내용이기 때문에 일반화하기 무리가 있다는 것을 다시 한번 알려드린다.

알아서 쓴 게 아니라 쓰면서 알게 되었다.

무슨 일이든 그렇지만 고만고만하게 일할 생각이라면 쉽다. 하지만 직업상담사는 한 사람의 인생에 영향을 줄 수 있어 끊임없는 공부와 통찰력이 필요하다.

예비 직업상담사에게 현장을 알려주고 싶어 시작한 이 글이 대한민국에서 최선을 다하고 있는 많은 직업상담사 동료에게 위로와 존경을 표하는 글로 확장되었다.

내가 만난 90년대생들, 특히 솔직하게 본인 얘기를 들려줘 내게 많은 영감을 준 Y에게 감사하다. 시대의 문제이지 세대의 문제가 아니다. 그들도 예전 세대들처럼 똑같이 연애하고, 결혼하고, 내 집에서 아이를 낳아 행복한 가정을 꾸리고 싶어 한다. 시대 상황이 그들을 생존으로 내몬 것일 뿐이다.

이 시대에 공존하는 같은 인간으로서 먼저 태어남에 미안함을 느끼게 했고 많은 생각을 하게 했다. 그들이 잘되기를 진심으로 바란다. 그리고 이 책의 사례는 본인 동의를 얻거나 유사한 경우를 조합한 가상의 인물로 작성되었음을 아울러 밝혀둔다.

우리는 한 사람 한 사람이 모두 가치 있다. 90년대생 그들도, 그들을 격려하고 돕는 직업상담사도 개개인이 인간으로서, 직업인으로서 가치 있게 존중받길 바란다. 반 발짝만 더 나가면, AI와 함께할 미래를 앞둔 독자들이 이 책을 통해 사람의 가치를 다시 한번 생각해 보는 계기가 되어도 참 좋겠다는 바람이다.

이 글을 쓰면서 감사한 분들이 많다.

원고투고로 마음고생할 때 힘을 주신 정강민 작가님, 이 글이 세상의 빛을 볼 수 있게 해주신 중앙경제평론사 김용주 사장님과 임직원분들께 진심으로 감사하다는 말씀을 드린다.

그리고 나에게 공허함(?)을 안겨줘 집필에 몰두할 수 있게 해준 남편 TJ, 내 인생의 로또와 같은 딸 채윤에게 사랑한다는 말을 전한다. 마지막으로 지금의 내가 있을 수 있도록 평생을 헌신하신 어머니께 이 책을 바친다.

강미교

─ 차 례 ─

1장 직업상담사 자격증, 따도 괜찮을까?

5장   국민취업지원제도, 너 도대체 뭐니?

실업과 취업 사이 그 어딘가에서

번아웃burn out, 말 그대로 다 태워버리고 회사를 나왔다. 그곳에서 더 이상 하고 싶은 일이 없을 정도로 많은 것을 해보았고 또 최선을 다해 일했다. 마지막 한 방울까지 마른걸레 쥐어짜듯 일했기 때문에 미련조차 남지 않았다.

후에 직업상담사 취업 면접에서 면접관으로부터 질문을 받았다. 관련 업계에서 계속 일할 수 있었을 텐데 왜 새로운 일을 시작하려고 하느냐고 말이다. 나는 솔직하게 이야기했다. '더 이상 가슴이 뛰지 않는다'고.

로켓의 성능은 점화에서부터 연소가 끝날 때까지 로켓 자신이 얻는 속도로 나타낼 수 있다. 1단 로켓으로는 인공위성도 쏘아 올릴 수 없기에 추진력을 얻기 위해 로켓을 다단구성으로 만들어 연소가 끝난 불필요한 부분을 분리시키는 방법을 쓴다. 즉, 로켓이 날아간다는 것은 낡은 로켓을 떼어내고 새로운 로켓에 불을 붙이는 것이다. 낡은 로켓을 떼어내기 위해서는 연료를 남김 없이 연소시켜야만 한다. 내 경우에도 완전연소시켰다고 생각 했기 때문에 다시 점화하는 데 집중할 수 있었다.

"엄마, 회사 안 가?"

어떻게 말해야 하나. 실직한 직장인들이 정장을 차려입고 출근 하는 척하며 지하철을 타고 아무 역에서 내려 산에 올라갔다 내 려온다는 이야기가 남의 일이 아니구나 싶었다. 차마 그렇게는 하지 못하겠고 코로나19 핑계를 댄다.

"우와! 완전 개꿀이네."

출근은 안 해도 월급은 받으니 좋겠다는 이야기다. 난 개꿀이 아니라 멍멍이 꼴이 된 것 같다. 우연의 일치인가, 그러고 보니 토사구팽兎死狗烹에서도 잡아먹히는 건 개다.

가족은 내가 회사를 그만둔 사실을 몰랐다. 내 속 얘기를 다 하 는 어머니에게도 한 달도 더 지나 말씀드린 것 같다. 처음에는 가족에게 적절한 때에 말하려고 했었다. 그런데 그 '적절한 때' 란 시간이 갈수록 오지 않았다.

지금도 그렇지만 당시 뉴스에서는 매일같이 코로나19 이야기 로 도배가 되었다. 내가 회사를 나온 바로 그날 저녁에는 '오늘 웬일로 이렇게 일찍 퇴근했냐'는 이야기로 화제였다. 그런데 마 침 뉴스에 힘들어 죽겠다는 자영업자 인터뷰가 나왔고 딸아이는 남편에게 왜 코로나로 힘드냐고 물었다. 내 상황을 모르는 남편이 딸에게 설명을 하더니 대미를 장식한다.

"…코로나가 이렇게 오래 계속되면 너희 친구들 아빠, 엄마가 회사를 나와야 할 수도 있어."

피천득의 수필 《인연》에 '세 번째는 아니 만났어야 좋았을 것이다'란 말처럼 남편의 세 번째 문장은 아니 했어야 좋았을 것이다. 남편은 능력이 있어 잘나간다. 사실 관계만 얘기하는 독설가다. 그리고 눈치가 없다. 왜 같이 살고 있는지 나도 의문이다. 남편의 그 당시 말은 '팩트'였다. 하지만 나는 "왜 친구들 엄마야? 지금 당신 옆에 있는 내가 그래!"라고 말할 수 없었다. 심지어 나쁜 짓하다 들킨 사람처럼 흠칫 놀랜다. 그런데 티를 못 낸다. 그날 저녁 난 제대로 체했다. 뭐든지 타이밍이 중요하다. 그 순간을 놓치면 영영 오지 않을 때도 있다.

대학 졸업 이후 쉬지 않고 일을 했다. 하나의 직업에서 다른 직업으로 이동하는 그 짧은 기간에는 단기학원 강사로 일하며 어쨌든 놀고먹은 시간은 없었던 것 같다. 계속 일을 했다면서 잠시 쉬는 게 어때서라고 생각할 수도 있다. 하지만 충격과 여파가 말도 못 하게 크다. 실제로 배우자의 죽음 다음으로 실직이 스트레스 지수 2위인 것만 봐도 그렇다. 무엇보다 과거야 어쨌건 지금 나는 '쉬고' 있지 않은가.

그렇다, 나는 실직했다. 이 말은 무엇을 뜻하는 걸까. 먼저 실직의 의미를 알아보자. 실직은 한자로 '실(失 잃을 실)', '직(職 1. 직분(職分) 2. 직책(職責) 3. 벼슬)'. 외국학자는 뭐라고 했나. 실직은 개인의 수입 감소, 사회적 권한 상실, 소속 조직과의 사회적 단절, 일의 상실을 의미한다.[1)]

당시의 내 상황과 너무 딱 들어맞지 않는가. 나에게 남아있는 것은 무엇일까? 어제와 똑같은 모습의 가족? 그들은 변한 게 없는데 나는 변했다. 그들은 아무것도 모르는데 나만 안다.

취업이라는 단어는 무엇일까? 한자를 찾아보면 '취(就 1. 나아가다 2. 이루다 3. 좇다, 따르다)', '업(業 업 업)'.

그럼 '업'과 '직'은 무슨 차이일까? 쉽게 말해 '직'은 어디에 다니냐의 개념, '업'은 어떤 일을 하느냐란 개념이다.

당시 내겐 이전 회사에서 얻었던 '직'은 바람 앞에 촛불 꺼지듯 사라져버렸고, 나는 다시 불을 붙일 새로운 초, '업'을 발견해야 할 시점이었다.

---

1) 출처 : Leana&Feldman, 1992.

1장

직업상담사 자격증, 따도 괜찮을까?

공공고용서비스 강화 '지금이 적기다'

코로나19 확산에 따른 고용위기로 공공고용서비스 수요가 급증하고 있다.
코로나19가 종식돼도 4차 산업혁명과 저성장시대에 따른 고용시장 변동으로
공공고용서비스 수요는 앞으로도 커질 전망이다.
공공고용서비스는 정부, 공공기관이 구직자들에게
고용정보, 직업지도, 취업지원 등을 종합적으로 제공하는 서비스다.
개인에게는 취업, 기업에는 인재확보 기회를 제공한다.

출처 : 내일신문 2020. 12. 7

● ● ●

" 직업상담사, 해도 될까? "

　얼핏 생각해 봐도 직업상담사, 괜찮을 것 같지 않은가. 게다가 심리상담은 아니지만 개인에 대한 이해를 바탕으로 한 상호작용을 통한 상담이니 이 일은 앞으로도 AI가 쉽게 대체할 수 없을 것 같아 장래성도 있는 듯하고….

　워크넷 홈페이지 직업·진로 → 직업정보 → 한국직업전망으로 들어가서 살펴보면 다음과 같은 내용을 볼 수 있다.2) 최근에 내용이 업데이트되었고 이후에도 통계치는 업데이트될 것이므로, 직업상담사란 직업을 알 수 있는 큰 방향성에서 참고하면 좋을 것 같다.

---

2)　https://www.work.go.kr/consltJobCarpa/srch/korJobProspect/korJobProspectDtlInfo.do?
　　pageType=SrchByJobCl&fjobCd=KR060003&choiceCode=KR06&tabNo=4

직업상담사 및 취업알선원

하는 일　　직업상담사는 구직자나 미취업자에게 적절한 직업정보를 제공하고, 경력 설계, 직업 선택, 구직활동 등에 대한 전문적인 도움을 준다. 또 직업 전환, 직업 적응, 실업 및 은퇴 등의 과정에서 발생하는 다양한 문제에 대해 적절히 대처할 수 있도록 정보를 제공하고, 전문적인 상담을 수행한다. 취업알선원은 구직자에게 알맞은 일자리 정보를 제공하고, 구인을 희망하는 업체에는 적절한 인력을 공급해 준다.

고용노동부가 운영하는 고용센터에서 근무하는 직업상담사는 주로 구직자를 대상으로 취업지원 및 직업소개, 직업지도, 고용보험 등 고용 지원 업무를 수행한다. 그 외 시·군·구청 취업정보센터나 여성·청소년·노인 관련 단체, 대학교의 취업정보실 등에서 근무하며 직업 및 취업 관련 정보를 제공하고 상담하는 직업상담사도 있다.

직업상담사의 주된 업무는 직업 관련 상담과 직업 소개, 직업 관련 검사 실시 및 해석, 직업지도 프로그램 개발과 운영, 직업상담 행정 업무 등이다. 이들은 근로기준법을 비롯한 노동관계법규 등 노동시장에서 발생하는 직업과 관련된 법적인 사항에 대한 상담과 구인구직상담, 창업상담, 경력개발상담, 직업적응상담, 직업전환상담, 은퇴 후 상담 등을 진행한다. 또한 장애인, 고령자, 경력단절 여성, 자활대상자 등 취업이 어려운 구직자에게 더 많은 취업 기회를 제공하고 구인난을 겪는 기업에게 다양한 인력을 소개하기 위하여 구인처를 개척한다.

대학 및 직업훈련기관 등에서 취업 특강 및 취업박람회를 기획하고 운영한다.

적성검사, 흥미검사 등 직업심리검사를 실시하여 구직자의 적성과 흥미에 맞는 직업 정보를 제공하고, 구직자에게 적합한 취업정보를 제공한다. 청소년, 여성, 중고령자, 실업자 등을 위한 직업지도 프로그램 개발과 운영을 담당하며, 이를 통해 구직자에게 신속한 취업을 지원하고, 구인을 희망하는 기업에게 적합한 인재를 알선한다. 반복적인 실직이나 구직 실패로 인해 심리적으로 어려움을 겪는 구직자를 대상으로 심층상담을 수행하기도 한다.

취업알선원은 직업소개소 및 헤드헌팅 업체 등에서 일하며 구직자와 구인자 서로에게 적합한 대상자를 선정하여 소개하는 일을 한다.

경비, 건설노동자, 경리, 운전기사, 식당 종사자 등 단순 인력부터 중견간부급 이사, 전문경영인, 고급기술자 등에 이르기까지 다양한 인력을 알선하고 관리한다. 이중 고급인력을 주로 관리하면서 기업체가 원하는 인력을 선정·평가·알선하는 사람을 헤드헌터라고 한다. 이들은 보통 컨설턴트와 리서처로 구분된다.

컨설턴트는 구인처 발굴을 위해 기업체를 대상으로 영업활동을 하며, 추천자의 최종 평가 및 고객관리 업무를 담당한다. 리서처는 구인 업체 및 구직자의 요구에 상응하는 대상자를 조사하여 컨설턴트에게 추천하는데, 규모가 작은 업체에서는 한 명이 구인처를 발굴하고 적합 대상자를 찾아 연결하는 업무를 함께 수행한다.

1997년 헤드헌팅이 합법화된 이후 관련 시장이 계속 커졌지만, 헤드헌터 양성을 위한 시스템 마련, 수수료 관련 기준 마련, 윤리경영 등과 관련하여 구심점 역할을 할 협회에 대한 필요성도 증가하고 있는 상황이다. 종합 서치펌을 운영하는 기업이 다수이긴 하지만 최근에는 의료, 법조, IT, 코스메틱 등 분야에 따라 알선

업체가 전문화되는 추세이다.

업무 환경　상담 업무가 몰리는 취업 시즌이나 취업박람회 같은 각종 행사 등을 앞두고는 초과 근무, 야간근무를 많이 한다. 상담 업무를 수행하기 때문에 실내 근무가 많으며, 직업지도, 취업특강, 취업처 발굴 등을 위하여 출장을 가기도 한다.

상담자와 대면 또는 전화로 상담하면서 컴퓨터 입력을 동시에 해야 할 때가 많아 눈이나 목, 손, 어깨 등에 통증을 느끼기도 한다.

되는 길　직업상담사가 되기 위해서는 4년제 대학 이상을 졸업하고, 한국 산업인력공단이 시행하는 직업상담사 자격증을 취득하는 것이 유리하다. 외국 기업을 주요 고객으로 하는 고급 인력 알선업체에는 석사학위 이상의 근무자도 많으며, 외국어 능력을 요구한다. 특히 헤드헌터 중 컨설턴트는 대개 해당 분야의 관련 경력이 있어야 업무수행이 가능하다.

• **관련 학과 :** 심리학과, 상담학과, 교육학과, 사회학과, 직업학과, 교육학과, 아동·청소년복지학과, 특수교육학과 등
• **관련 자격 :** 직업상담사 1급, 2급(한국산업인력공단)

적성 및 흥미　직업을 알선하여 채용으로 연결하는 것이 주 업무로, 상담 자의 적성이나 흥미 등을 잘 파악하여 맞는 직업을 찾아줄 수 있어야 한다. 상담

이 기본이 되기 때문에 타인의 이야기를 잘 듣고 공감할 수 있어야 하며, 각종 진로지도 프로그램을 운영하기 때문에 타인과의 소통이 원활하고 적극적인 사람에게 적합하다.

경력 개발 직업상담원은 고용노동부, 지방자치단체, 대학, 기타 여성·청소년·군인·고령자 유관 기관 등에서 근무할 수 있다. 고용노동부 고용(복지플러스)센터, 시·군·구청 취업정보센터, 공공 직업 훈련기관, 국방취업지원센터 등의 공공 직업안정기관과 각 지자체가 운영하는 취업지원센터, 여성·청소년·노인 관련 단체, 대학교의 취업정보실 등에서 직업상담원을 공개채용 방식으로 채용하고 있다.

고용노동부 고용지원센터의 직업상담사는 9급에서부터 시작하여 근속연수 및 내부 평가 등을 통해 승진이 이뤄진다. 취업알선원은 주로 유료 직업소개소, 고급 인력알선 업체(헤드헌팅 업체), 인력파견 업체 등에서 활동한다. 헤드헌터 업체에 입사한 경우 리서처로 입사하여 5~8년 정도가 지나면 컨설턴트로 승진할 수 있고 일정 경력을 쌓은 후 헤드헌팅 업체를 설립할 수도 있다.

일자리 전망 향후 10년간 직업상담사 및 취업알선원의 고용은 다소 증가할 것으로 전망된다. 〈2019~2029 중장기 인력수급 수정 전망〉[3]에 따르면, 직업상담사는 2019년 약 11,000명에서 2029년 약 13,000명으로 향후 10년간

---

[3] 출처 : 한국고용정보원, 2020.

2,000명(연평균 1.9%) 정도 다소 증가할 것으로 전망된다. 기업의 채용문화가 열린채용, 직무중심채용 등으로 다변화되면서 구인자·구직자 모두로부터 채용방식 변경에 따른 직업상담 수요가 증가하고 있다.

또한 베이비부머의 은퇴와 노인인구의 증가 등으로 은퇴 이후에도 취업을 원하는 사람이 증가하고 있으며, 외국 이민 여성 등 외국인력 유입, 청년 실업자 증가, 경력단절 여성 등 취업 및 진로상담에 대한 요구가 꾸준히 늘고 있다. 초·중·고등학교 학생을 대상으로 진로상담의 필요성이 증대하여 직업상담사가 진로상담이나 강의 등을 제공하는 사례도 증가하고 있다.

통계청의 〈전국사업체조사〉에 따르면, 인력공급 및 고용알선업 사업체 수는 2013년 13,775개소에서 2018년 15,060개소로 지난 5년간 9.32% 증가하였으며, 사업체 종사자 수도 2013년 435,796명에서 2018년 522,354명으로 19.80% 증가하였다.

직업상담사 자격증 발급 건수도 증가하고 있다. 2014년 1년 동안 4,061명이 직업상담사 자격을 취득하였으나 2019년에 6,895명이 자격을 취득하여 5년간 69.8% 증가하였다. 기존의 직업상담사 및 취업알선원의 업무가 일자리를 소개하는 수준에 그쳤다면 최근에는 이미지 컨설팅, 경력관리, 이력서 작성 및 면접관리 등 취업에 필요한 거의 모든 내용을 조언하고 설계하는 업무로 활동영역이 확장하며 역할이 전문화되고 있다.

공공부문에서는 청년, 경력단절 여성, 고령자, 은퇴자 등으로 나누어 서비스를 제공하고 있고, 민간시장에서는 임원 등 고급은퇴 인력, 기술전문 인력 등 분야 및 인력 특성에 따라 사업을 세분하여 전문화하는 추세이다. 특히 평생직장의

개념이 사라지면서 은퇴 인력 외에도 이·전직을 원하는 중간관리자, 기술전문
인력 등의 수요가 증가하고 있어 민간시장에서 일자리 창출이 더욱 증가할 것으
로 보인다.

한편에서는 인공지능 기반의 취업 알선 시스템이 취업알선원의 업무를 일부 대
체할 것으로 예상한다. 고용노동부의 직업상담사 신규 채용은 많지 않으나 지자
체의 취업지원사업이 활성화하면서 일자리센터에서의 인력 충원이 꾸준히 발생
하고 있어 공공과 민간부문에서 직업상담사 및 취업알선원의 일자리가 증가할
것으로 전망한다.

관련 직업　　커리어코치, 헤드헌터, 취업지원관, 상담전문가.

분류 코드

한국고용직업분류(KECO) : 2314 0299

한국표준직업분류(KSCO) : 2473

" 직업상담사 직업은 호재다?! "

부동산 카페를 살펴보면 가장 많이 나오는 단어가 '호재'다. 직업상담사는 결정적으로 2021년에 국민취업지원제도를 시행한다는 기사로 인해 호재 중에도 대형호재를 올리고 있는 셈이었다.[4]

"취업취약자 6개월 50만 원 지원" 국민취업지원제도 내년 실시

내년 중순부터 저소득 구직자와 청년 등 취업취약계층이 월

50만 원가량의 현금지원을 6개월가량 받을 전망이다. …(중

략)… 이 밖에 정부는 취업취약계층의 조속한 재취업을 위한

보다 높은 수준의 공공 고용서비스를 제공하고자 '공공 고용서비스 발전 방안'

---

[4] https://view.asiae.co.kr/news/view.htm?idxno=2019060413071011262

도 추진한다고 밝혔다. 이는 현재 여러 공공 기관에서 다양한 고용서비스를 제공하고 있지만 종합 고용서비스를 제공하는 고용복지플러스센터가 크게 부족하고 고용서비스 종사자의 전문성 부족 등 국민들의 눈높이에는 미치지 못하는 실정을 감안한 조치다. 정부는 공공 고용서비스 발전을 위해 고용복지플러스센터를 늘리고 상담사의 전문성 등을 강화할 계획이다.

출처 : 아시아경제 2019. 6. 4.

공공고용서비스 강화 '지금이 적기다'

코로나19 확산에 따른 고용 위기로 공공고용서비스 수요가 급증하고 있다. 코로나19가 종식돼도 4차 산업혁명과 저성장 시대에 따른 고용시장 변동으로 공공고용서비스 수요는 앞 으로도 커질 전망이다. 공공고용서비스는 정부, 공공기관이 구직자들에게 고용정보, 직업지도, 취업지원 등을 종합적으로 제공하는 서비스다. 개인에게는 취업, 기업에는 인재 확보 기회를 제공한다. …(후략)…

출처 : 내일신문 2020. 12. 7.

그 밖에 직업상담사에 관한 장밋빛 전망을 요약해 보면 다음과 같다.

• 공공부문에서 저소득·청년·경력단절 여성·고령자 등의 취업취약계층을 위한 서비스를 확대 제공

- 민간부문에서 임원 등과 같은 고위직 은퇴자·기술전문 인력 등의 수요가 증가하고 있으며 분야별, 특성별 사업이 전문화, 세분화
- 이직이나 전직을 원하는 중간관리자와 기술전문 인력 등 민간시장의 일자리 창출력도 증가할 것으로 전망
- 이력서 작성 및 면접관리, 경력관리, 이미지컨설팅 등 직업상담사의 활동영역이 취업을 위한 거의 모든 영역으로 확장 및 전문화
- 초·중·고등학교 학생을 대상으로 진로상담이 필요하다는 인식이 확대

특히 상담 분야 자체가 여성을 선호한다. 여성가족부에서 경력단절 여성의 직업훈련과 취업지원의 중심기관인 여성새로일하기센터(새일센터) 지정 등을 통해 직업상담사를 단계적으로 확대 운영하여 전문 취업상담 및 직업교육훈련을 실시하고 있는 이유도 그 때문이다.

그 밖에 고용노동부 공무원을 채용할 때 직업상담사 자격증은 가산점을 인정받기 때문에 그러한 목적으로 직업상담사 자격증을 취득하는 사람들도 많다.

'이 정도면 자격증을 따도 되겠어. 시험은 어떻게 되는 거지?'

" 직업상담사 자격증 시험
파헤치기 "

    한국산업인력공단이 운영하는 국가자격 시험 원서 접수와 합격자 발표를 제공하는 큐넷 사이트에 들어간 뒤 자격정보를 클릭하면 국가자격 종목별 상세정보에서 시험 관련 자료들을 알아볼 수 있다.[5] 시험정보, 기본정보, 우대현황, 일자리정보, 수험자 동향까지 웬만한 세부 내용은 다 있으므로 찬찬히 살펴보기를 권한다.

---

5) http://www.q-net.or.kr/crf005.do?id=crf00505&gSite=Q&gId=

●● 직업상담사 1급과 2급

직업상담사 자격증은 1급과 2급으로 나뉘며 대부분 2급을 취득한다고 보면 된다. 1급은 직업상담사 경력 2년 이상일 경우 응시할 수 있으나 직업상담사 현장에서는 아직 2급과 1급의 실질적인 차이를 두고 있지 않는 상황이다. 이 시험과 관련해 사람들이 궁금해하는 것이 있다.

첫 번째로 "직업상담사는 기사인가요? 산업기사인가요?"라는 질문이다. 우리나라 국가기술자격은 기능사, 산업기사, 기사, 기능장, 기술사로 나뉘는데 뒤에 언급할수록 고도의 기술을 요하기에 시험 응시 조건이 까다로워지는 특징이 있다. 이 부분은 나 역시 궁금했던 내용으로 직업상담사 2급은 산업기사다. 시험지에도 그렇게 안내하고 있다.

두 번째는 "회차별로 난이도가 다르다고 하던데 어떤가요? 보통 1회 차가 더 어렵다고 하는데 맞나요?"라는 질문이다. 그런 것까지 따지고 시험에 응시할 수는 없다. 쉬우면 모두에게 쉽고 어려우면 모두에게 어렵다. 내가 붙으면 되는 것이다. 시험 난이도와 합격률에 연연하지는 말자!

종목명	연도	필기			실기		
		응시(명)	합격(명)	합격률(%)	응시(명)	합격(명)	합격률(%)
직업상담사 2급	2020	19,074	11,827	62	15,701	7,241	46.1
직업상담사 2급	2019	22,283	11,690	52.5	15,119	6,648	44
직업상담사 2급	2018	23,328	12,235	52.4	14,504	6,955	48
직업상담사 2급	2017	19,484	9,517	48.8	12,653	5,227	41.3
직업상담사 2급	2016	20,516	10,289	50.2	13,762	5,313	38.6
직업상담사 2급	2015	19,595	10,221	52.2	14,114	5,039	35.7
직업상담사 2급	2014	21,381	11,223	52.5	15,152	4,011	26.5
직업상담사 2급	2013	21,202	9,991	47.1	14,758	3,872	26.2
직업상담사 2급	2012	21,876	8,747	40	14,047	2,403	17.1
직업상담사 2급	2011	24,676	11,653	47.2	16,653	4,026	24.2
직업상담사 2급	2010	25,565	11,927	46.7	16,083	4,442	27.6
직업상담사 2급	2009	12,540	6,247	49.8	7,396	1,774	24
직업상담사 2급	2008	6,461	2,886	44.7	3,731	782	21
직업상담사 2급	2007	5,383	2,174	40.4	2,439	165	6.8
직업상담사 2급	2006	3,132	1,407	44.9	1,583	725	45.8
직업상담사 2급	2005	1,395	386	27.7	574	282	49.1
직업상담사 2급	2004	770	231	30	547	120	21.9
직업상담사 2급	2003	1,159	535	46.2	679	100	14.7
직업상담사 2급	2002	1,271	416	32.7	928	203	21.9
직업상담사 2급	2001	2,357	754	32	1,803	335	18.6
직업상담사 2급	2000	27,125	6,605	24.4	8,272	2,241	27.1
소계		300,573	140,961	46.99	190,498	61,904	33.5

출처 : 큐넷

•• 직업상담사 2급 자격 시험 개요

직업상담사 2급 자격 시험 관련 내용을 간단히 요약하면 다음과 같다.

시 행 처	한국산업인력공단
시험 과목	필기 : 1. 직업상담학 2. 직업심리학 3. 직업정보론 4. 노동시장론 5. 노동관계법규
	실기 : 직업상담실무
검정 방법	필기 : 객관식 4지 택일형, 과목당 20문항(과목당 30분)
	실기 : 주관식 필답형(2시간 30분, 100점)
합격 기준	필기 : 100점을 만점으로 과목당 40점 이상, 전 과목 평균 60점 이상
	실기 : 100점을 만점으로 60점 이상

2급 시험은 1년에 보통 3회 시행하는데 시험 시기는 매년 비슷하며 다음 해의 정확한 시험 일정은 시험 전년 12월 말 정도에 발표한다.

필기시험 범위는 5과목으로 직업상담학, 직업심리학, 직업정보론, 노동시장론, 노동관계법규이다. 시험 방식은 객관식 4지선다형으로 출제하며, 합격 기준은 전 과목 평균 60점 이상, 과락 40점이다.

실기시험은 주관식 필답형으로 평균 18문제 정도이며, 노동관계법규를 제외한 4과목에서 총 60점 이상이어야 합격이다.

직업상담사 2급 시험 동향 분석

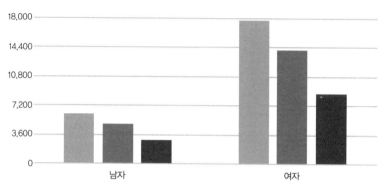

분류	접수자(명)	응시자(명)	응시율(%)	합격자(명)	합격률(%)
남자	6,113	4,875	79.7	2,939	60.3
여자	17,691	14,096	79.7	8,766	62.2

출처 : 큐넷

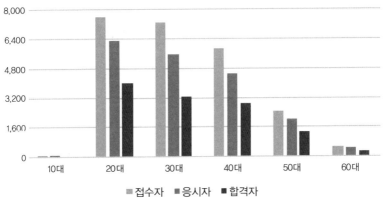

■ 접수자 ■ 응시자 ■ 합격자

분류	접수자(명)	응시자(명)	응시율(%)	합격자(명)	합격률(%)
10대	79	72	91.1	26	36.1
20대	7,609	6,318	83	3,898	61.7
30대	7,286	5,547	76.1	3,244	58.5
40대	5,866	4,510	76.9	2,875	63.7
50대	2,434	2,044	84	1,361	66.6
60대	530	480	90.6	301	62.7

출처 : 큐넷

2020년 직업별 동향 분석

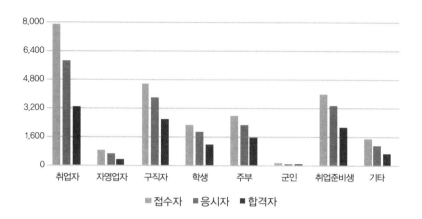

분류	접수자(명)	응시자(명)	응시율(%)	합격자(명)	합격률(%)
취업자 (임금근로자)	7,906	5,831	73.8	3,268	56
자영업자	815	623	76.4	340	54.6
구직자	4,524	3,790	83.8	2,544	67.1
학생	2,225	1,886	84.8	1,160	61.5
주부	2,765	2,258	81.7	1,541	68.2
군인	132	105	79.5	61	58.1
취업준비생	3,985	3,354	84.2	2,142	63.9
기타	1,452	1,124	77.4	649	57.7

출처 : 큐넷

필기

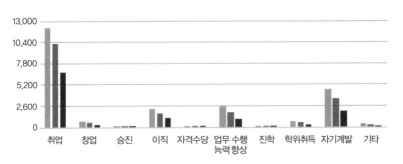

분류	접수자(명)	응시자(명)	응시율(%)	합격자(명)	합격률(%)
취업	12,175	10,185	83.7	6,734	66.1
창업	699	547	78.3	278	50.8
승진	155	96	61.9	56	58.3
이직	2,246	1,742	77.6	1,115	64
자격수당	172	125	72.7	67	53.6
업무 수행 능력 향상	2,569	1,869	72.8	987	52.8
진학	148	120	81.1	68	56.7
학위취득	654	536	82	290	54.1
자기계발	4,606	3,461	75.1	1,928	55.7
기타	380	290	76.3	182	62.8

출처 : 큐넷

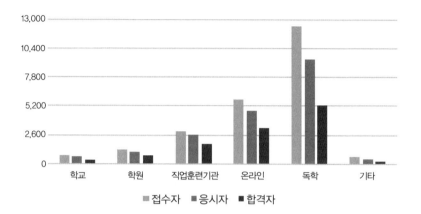

분류	접수자(명)	응시자(명)	응시율(%)	합격자(명)	합격률(%)
학교	812	657	80.9	352	53.6
학원	1,240	1,068	86.1	739	69.2
직업훈련기관	2,941	2,598	88.3	1,811	69.7
온라인(인터넷/카페/동호회)	5,807	4,771	82.2	3,223	67.6
독학	12,384	9,403	75.9	5,326	56.6
기타	620	474	76.5	254	53.6

출처 : 큐넷

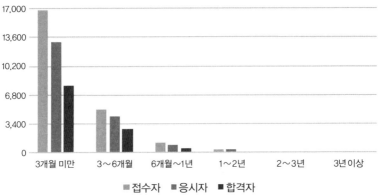

분류	접수자(명)	응시자(명)	응시율(%)	합격자(명)	합격률(%)
3개월 미만	16,780	13,096	78	7,996	61.1
3~6개월	5,053	4,286	84.8	2,830	66
6개월~1년	1,207	990	82	575	58.1
1~2년	453	356	78.6	183	51.4
2~3년	139	105	75.5	51	48.6
3년 이상	172	138	80.2	70	50.7

출처 : 큐넷

실기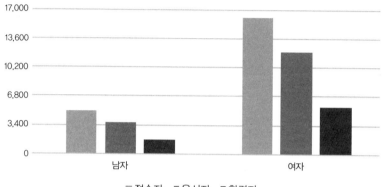

2020년 성별 동향 분석

분류	접수자(명)	응시자(명)	응시율(%)	합격자(명)	합격률(%)
남자	5,053	3,718	73.6	1,672	45
여자	16,047	11,978	74.6	5,569	46.5

출처 : 큐넷

실기   2020년 연령별 동향 분석

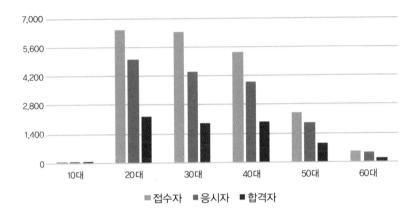

■접수자 ■응시자 ■합격자

분류	접수자(명)	응시자(명)	응시율(%)	합격자(명)	합격률(%)
10대	31	30	96.8	7	23.3
20대	6,449	5,004	77.6	2,239	44.7
30대	6,328	4,389	69.4	1,923	43.8
40대	5,348	3,905	73	1,968	50.4
50대	2,413	1,909	79.1	919	48.1
60대	531	459	86.4	185	40.3

출처 : 큐넷

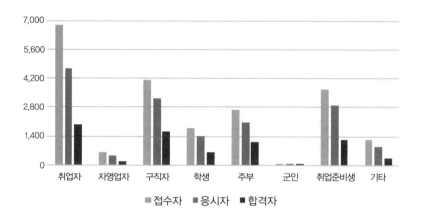

■ 접수자　■ 응시자　■ 합격자

분류	접수자(명)	응시자(명)	응시율(%)	합격자(명)	합격률(%)
취업자 (임금근로자)	6,811	4,659	68.4	1,962	42.1
자영업자	638	473	74.1	203	42.9
구직자	4,145	3,220	77.7	1,638	50.9
학생	1,822	1,428	78.4	657	46
주부	2,676	2,050	76.6	1,121	54.7
군인	81	55	67.9	32	58.2
취업준비생	3,700	2,904	78.5	1,242	42.8
기타	1,227	907	73.9	386	42.6

출처 : 큐넷

2020년 응시목적별 동향 분석

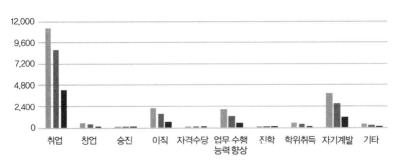

■ 접수자 ■ 응시자 ■ 합격자

분류	접수자(명)	응시자(명)	응시율(%)	합격자(명)	합격률(%)
취업	11,258	8,800	78.2	4,284	48.7
창업	535	400	74.8	177	44.3
승진	125	81	64.8	30	37
이직	2,165	1,568	72.4	698	44.5
자격수당	120	88	73.3	34	38.6
업무 수행 능력 향상	2,058	1,354	65.8	575	42.5
진학	118	92	78	34	37
학위취득	505	372	73.7	173	46.5
자기계발	3,857	2,658	68.9	1,119	42.1
기타	359	283	78.8	117	41.3

출처 : 큐넷

2020년 시험 준비 경로별 동향 분석

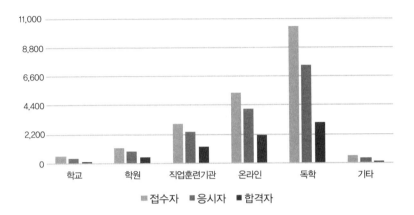

분류	접수자(명)	응시자(명)	응시율(%)	합격자(명)	합격률(%)
학교	570	416	73	164	39.4
학원	1,156	908	78.5	453	49.9
직업훈련기관	3,033	2,365	78	1,221	51.6
온라인(인터넷/카페/동호회)	5,367	4,167	77.6	2,147	51.5
독학	10,445	7,462	71.4	3,091	41.4
기타	529	378	71.5	165	43.7

출처 : 큐넷

2020년 시험 준비 기간별 동향 분석

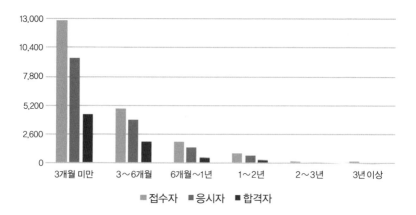

■접수자 ■응시자 ■합격자

분류	접수자(명)	응시자(명)	응시율(%)	합격자(명)	합격률(%)
3개월 미만	12,857	9,441	73.4	4,466	47.3
3~6개월	4,972	3,922	78.9	1,902	48.5
6개월~1년	1,913	1,417	74.1	556	39.2
1~2년	967	664	68.7	252	38
2~3년	191	134	70.2	39	29.1
3년 이상	200	118	59	26	22

출처 : 큐넷

" 독학파 vs 학원파 "

직업상담사 시험을 어느 정도 알게 됐다면 이제 자격증을 따기 위한 공부의 시간이다! 그런데 궁금증들이 마구 떠오르기 시작한다.

교재는 어떤 걸로 할지, 수험 기간은 얼마로 잡을지, 하루에 몇 시간씩 공부해야 할지, 바빠서 학원 갈 시간도 없는데 무료 온라인 강의는 있는지, 궁금한 것이 꼬리에 꼬리를 문다.

우선 가장 궁금해할 질문인 '혼자 공부해도 될까? 아니면 꼭 학원에 다녀야 하나?'란 질문의 답부터 알아보자. 직업상담사 자격증 시험의 합격률을 보면 2017년부터 필기시험은 평균 50%, 실기시험은 평균 40%를 상회한다.

예전보다 직업상담사 자격증 시험의 합격률은 조금 더 높아졌는데 모든 자격증 시험이 해를 거듭할수록 점점 더 어려워지는 것을 고려하면 직업상담사 자격증 시험의 최근 합격률을 볼 때

두 가지 추측이 가능해진다. 첫째, 응시자들의 실력이 높아졌다. 둘째, 실기시험에서 부분 점수를 후하게 준다.

아무튼 내 경험과 주변 사람들의 이야기 등 여러 가지를 종합해 보면 대체로 1차 필기시험, 2차 실기시험 합해서 3~6개월 정도 준비하면 무난히 합격할 수 있을 수준이니 사실상 직업상담사 자격증 시험의 난도는 그리 높은 편은 아니다.

●●●독학파

"학원 갈래, 아니면 혼자 할래?"

딸아이에게 묻는 질문이 아니다. 자격증 시험공부를 어떻게 해야 할지 이 질문을 두고 고민했다.

2003년에 컬러리스트 기사 시험을 봤는데 독학으로 했었다. 더욱이 당시에는 컬러리스트 자격증 시험이 초창기일 때라 관련 학원을 찾기도 힘들어 자연스럽게 '혼공족'이 될 수밖에 없었다. 그래서 필기시험과 실기시험을 마칠 때까지 거의 칩거를 하면서 공부했던 기억이 난다. 컬러에 관한 공부를 한다는 마음으로 몰두했기 때문에 준비 과정이 즐거웠다. 그래서일까? 결과도 합격이었다.

그때의 기억이 떠올라 시간 면에서도 효율적이라 생각해 혼자 공부하기로 마음먹었다. 직업상담사 자격증 시험은 독학으로 준비하는 사람들의 비중이 많다. 직장을 다니는 사람은 독학을 해야 한다. 나는 직장이 없었지만 독학했다.

자격증 시험공부에서는 무한반복이 답이다. 단 요령 없는 무한반복은 시간 낭비일 뿐이다. 그리고 독학은 온라인 강의를 들어야 한다. 유로도 있고 무료도 있다.

●● 학원파

시간과 비용에 여유가 있으면 학원에 다니며 공부하는 편이 합격 보장에 있어서는 확실하지 않을까 생각한다. 학원에서는 모르는 내용을 선생님에게 바로바로 질문할 수 있고 시험 관련 최신정보를 얻을 수 있다는 점이 큰 장점이다. 또 같은 목적의 사람들이 모이게 되므로 그곳에서 정보교환이나 네트워크가 형성되기 때문에 취업을 위한 여러 도움을 받을 수도 있다.

유명 학원이 집 근처에 있다면 학원에 다니는 것이 좋을 것이고, 학원이 먼 곳에 있고 그다지 믿을 수 없다면 온라인 강의가 낫다.

공부하다 보면 멘탈이 무너지기 쉽다. 이때 학원에서는 옆의 다른 사람이 공부하는 것을 보면서 정신줄을 다시 부여잡을 수 있다. 이런 장점 때문에 학원파들은 학원을 추천한다. 강의의 질보다는 작심삼일이 되지 않는 환경이 가장 큰 이유가 될 것이다.

즉, 학원을 다니면 '마음'은 잡힌다. 하지만 투자 대비 실질적인 도움을 받지 못해 후에 다시 온라인 강의를 듣고 독학으로 전환하는 경우도 가끔 있다. 마찬가지로 온라인 강의로 혼자 독학을 하다 안 돼서 국비지원 학원에 다니는 사람도 있다.

참고로 국비지원 학원은 실직자 과정과 재직자 과정이 있고, 개강은 재직자 과정보다 실직자 과정이 더 자주 열린다. 여성인력개발센터나 직업전문학교에서 운영하는 수업을 찾아서 들으면 된다.

과정형으로 수강하여 자격증을 취득하는 사람도 꽤 있다. 수업을 듣고 독학파와 같이 정기시험에 응시하는 검정형도 있다.

나는 독학파일까? 학원파일까?

나는	독학	체크	학원	체크
유혹에	강하다		약하다	
주변에 학원이	없다		있다	
돈이	없다		많다	
시간이	없다		많다	
인강이	맞다		맞지 않다	
자격증 시험 정보를 스스로	찾을 수 있다		찾을 수 없다	
과거에 혼자 공부해 합격한 적이	있다		없다	

어떤 형태로 공부할지는 각자의 스타일이나 여건에 따라 선택

할 부분이다. 그럼에도 내가 독학파인지 학원파인지 쉽게 선택할 수 없다면 앞의 표를 읽고 동그라미를 쳐보자. 어느 쪽이 많은가?

어떠한 흔들림에도 마음을 다잡고 공부할 수 있다면 온라인 강의를 포함해 독학을 추천하고, 그렇지 않다면 학원을 다니는 쪽을 추천한다.

여기까지 읽어도 내가 어떤 스타일인지 모르겠다 싶을 때는 일단 온라인 무료 강의를 먼저 들어본 뒤에 결정해도 늦지 않다. 온라인 무료 강의를 먼저 듣길 추천하는 이유는 독학파이든 학원파이든 강사의 설명을 한 번 듣는 것이 전체적인 내용 정리에 도움이 되기 때문이다.

"1차 필기시험 공부는 장난이다"

자, 막막할 것이다. 직장도 다니는데, 애도 키워야 하는데, 주변에 학원도 없는데, 심지어 책 살 돈도 없는데…. 이렇게 각자 힘든 상황 속에 있다 하더라도 1차 시험공부 순서는 어떤 상황이든 거의 공통이다.

1차 필기시험을 위한 공부 순서 팁은 크게 세 가지다.

1. 전 과목 1회독
2. 기출문제 풀이 후 약한 부분을 집중 공략
3. 기출문제를 최대한 반복해 풀기

이게 팁이라고? 그렇다. 결국 1차 필기시험에 합격하기 위해서는 기출문제를 최대한 많이 풀어야 한다. 2차 실기시험도 기출이긴 하지만 1차 시험과는 차원이 다를 뿐이다.

1차 필기시험은 문제은행식 출제이기 때문에 교재의 내용을 한 번 정독한 뒤 기출문제를 최대한 많이 풀어보면 어느 순간 그 문제가 그 문제고 이 과목은 이 부분이 중요하다는, 그런 맥락이 눈에 들어오게 된다. 더불어 기출문제를 풀다 보면 자신의 취약한 과목도 보인다. 그럼 그 부분만 더 신경 써서 보면 된다. 나는 2과목 직업심리학과 5과목 노동관계법규가 조금 어려웠다. 예상 밖으로 4과목 노동시장론은 괜찮았다.

1차 필기시험은 60점 이상이 되어야 합격이고 과락이 존재하기 때문에 기출문제 10회 중 10회 다 합격라인까지 나온다면 필기시험 준비가 끝났다고 생각해도 좋다. 내 경우에는 처음부터 합격점은 넘어서 일단 안심했지만 혹시 몰라 남은 기간 계속해서 기출문제를 풀었다.

●● 교재와 온라인 강의 선택법

우선 교재가 있어야 한다. 시중에는 다양한 교재가 나와있어 고르기 쉽지 않겠지만 모든 교재에는 장단점이 있다.

시험에 앞서 많이들 보는 에*월, 시*고시의 교재는 유료강의와 함께 볼 수 있다. 시*고시 교재는 자세히 설명되어 있는 것이 장점이자 단점이다. 이 말은 책이 친절하다고 느낄 수 있겠지만 반면 그 양에 질릴 수도 있다는 말이다. 서*석이 광고모델로 나와

온 국민이 친숙한 에*윌에서도 여러 권의 교재가 나와있다. 이 두 곳이 직업상담사 자격증 시험을 준비하는 사람들이 많이 보는 책이고 그 외에도 다른 출판사와 저자들의 책이 여러 권 나와 있다.

나는 아이 공부를 봐주고 집안일도 하면서 시험공부를 하려다 보니 내용이 좀 더 슬림한 책이 필요했다. 그러다 우연히 아*엠*듀 출판사의 권*찬 선생님의 교재를 알게 되었는데 무료 온라인강의를 함께 보면서 공부할 수 있다는 점이 끌렸다. 한 권으로 되어 있어 시작하기에 부담도 없었다. 천만다행으로 선생님의 강의가 재미있었다. 시험에 나올 문제만 쫙쫙 뽑아 읽어주고 어떤 식으로 출제되는지도 설명해 준다. 무슨 공부든 선생님과 코드가 맞아야 하는데 내 경우에는 괜찮았다.

어떤 교재를 사용하든 내용은 모두 거기서 거기다. 교재를 직접 살펴보고 자신의 공부 스타일에 맞는 것을 선택하면 된다.

나는 2020년 7월 16일부터 시험공부를 시작했다. 1차 필기시험이 8월 23일이었기 때문에 시험일부터 역산하여 공부 일정 계획표를 짰다. 매일 5~6강 이상씩, 2배속으로 듣고 나니 열흘 정도에 인강을 완주할 수 있었다. 그렇게 일단 이론서를 한 번 훑은 것이다.

●● 기출문제 풀이

다음엔 기출문제를 풀어야 한다. 최소한의 비용으로 최대효과를 얻기 위해 2010년부터 가장 최신인 2020년까지의 CBT 기출문제를 모조리 프린트했다. 총 30회 시험 분량이었다.

이걸 다시 날짜별로 쪼개 8월 10일까지, 그러니까 기출문제 풀이를 약 2주 동안 1회독을 했다. 그런 뒤 기출문제 풀이 중 틀린 것만 2회독 더 했다. 그런데도 잘 외워지지 않는 문제들이 있다. 군데군데 틀린 문제를 보기 위해 계속 기출문제 인쇄물을 넘겨가며 보려니 짜증이 나고 외워야 할 문제가 줄어든다는 느낌도 없었다. '어떻게 하면 좋을까.'

결국 외워지지 않는 문제들만 오려 노트에 붙여나갔다. 오답노트를 만든 것이다. 그렇게 만든 오답노트를 1차 필기시험을 보기 5일 전부터 계속 반복해 보고 또 보았다. 총 30회 시험 분량의 기출문제에서 회당 안 외워지는 문제가 6~8개 정도여서 오답노트에는 200개 넘는 기출문제들이 붙었다. 이런 식으로 공부하면 10년치 기출문제들은 모두 다 맞출 수 있을 정도가 된다. 시험을 볼 때 바로바로 답이 생각나지 않는 시험 문제가 20개 정도 있었으니 10년치 기출문제에서 약 80개 가까이 나온 것 같다.

그렇게 난 직업상담사 1차 필기시험에서 90점을 받았고 심지어 노동시장론은 만점을 받았다. 자격증에 점수 표시도 안 되는데 너무 오버했나 싶다.

이렇듯 1차 필기시험에 겁먹을 필요가 없는 이유는 문제은행식이기 때문이다. 즉, 'CBT 전자문제집'이면 해결된다. 네이버나 구글에 검색하면 나온다. 직업상담사 자격증뿐만 아니라 다른 국가자격증 시험에서도 기출문제가 핵심이자 끝이다. 실기시험은 비공개인 특성상 기출문제가 인터넷에 올라와 있지 않으나 필기시험의 경우에는 인터넷 검색을 열심히 하면 대부분의 기출문제를 구할 수 있다.

기출문제 풀이 총 공부 시간
하루 평균 4~5시간 × 28일 = 112~140시간

●● 어디까지 공부할까

1차 필기시험의 경우 어떤 사람은 짧은 시간 동안 그냥 기출문제 몇 번만 보고 시험 봐서 합격했다고도 한다. 물론 그럴 수 있다. 하지만 나는 모르는 상태에서 시험을 본다는 것 자체가 싫은 사람이라 할 수 있을 만큼 공부한 것이다. 그리고 1차 필기시험

공부를 대충했다면 2차 실기시험에서는 앞서 못 한 만큼 더 공부해야 한다.

10년치 기출문제를 보면 충분하다. 5년치는 약간 불안하다. 직업상담사 자격증만 필요한 사람이라면 2~3주 기출문제만 공부해도 운 좋으면 60점은 넘을 수 있다. 하지만 앞으로 직업상담사로서 현업에서 일을 하고자 하는 사람이라면 시험공부를 할 때만이라도 내용을 제대로 공부해야 하지 않을까 생각한다. 단, 공부습관이 없는 경우에 준비 기간을 너무 길게 잡으면 질려버려서 포기할 수 있다는 것이 함정.

결론은 어느 공부나 그렇겠지만 직업상담사 자격증 시험 준비도 본인의 경험과 처한 환경에 따라 공부 방법이 달라져야 한다는 점이다. 노트에 하나하나 써가며 외우는 사람, 혼자 큰 소리로 이야기를 하며 외우는 사람, 컴퓨터 자판을 두드리면서 워딩으로 내용을 정리하는 사람 등 외우는 방식도 각자 자신만의 스타일이 있다.

보통은 내용을 이해한 후, 두문자만 뽑아 연결해 외우거나, 핵심어만 외워서 적당히 살을 붙여 완성시키는 사람이 대부분이다. 아주 가끔은 토씨 하나까지도 모조리 외워버린다는 사람도 봤다. 이런 분은 의대로 보내드려야 하지 않을까.

필기시험이든 실기시험이든 각각 한 달 이상의 시간을 들여 여유를 잡고 공부하면 고득점은 확정이다. 자격증 취득에만 목표를 둔다면 공시생이나 전공자들은 3주, 운 좋으면 2주 정도 공부하면 최소한 합격은 할 수 있다.

하지만 앞서 말했듯이 어떤 시험이든 조금 길게 내다보고 한다면 제대로 공부하는 것을 추천한다. 그리고 1차 필기시험 공부는 2차 실기시험에 바탕이 된다. 직업상담사로 일할 때나 살면서 썰 풀 때 도움도 되고.

"저 대전 사는데
경주 가서 시험 쳐요"

2020년 3월 22일로 예정되어 있었던 직업상담사 1차 필기시험은 코로나19 여파로 인해 4월 이후로 잠정 연기되었다. 시험 연기 이력이 있어서인지 사람들은 시험 일정이 다가올수록 또 연기될까, 말까로 촉각을 곤두세우고 있었다.

인터넷 카페에서는 연기하자는 쪽과 그냥 진행해야 한다는 쪽의 의견이 팽팽하게 맞섰다. 우리끼리 싸운다고 결정될 일도 아닌데 시험을 앞두고 다들 예민해져 난리도 아니었다.

나는 그냥 시험 일정대로 진행하고 싶었다. 1차 필기시험 공부는 한 달 이상 해야 할 공부가 아니었기 때문이다.

> **1차 필기시험 접수일** : 7월 28일 오전 10시부터 7월 31일 오후 6시까지
> (접수 첫날 오전 중에 대부분 지역 마감됨)
> **1차 필기시험 일정** : 8월 23일
> **1차 필기시험 합격자 발표** : 9월 3일

이런 시험 접수한 지가 너무 오래되었나 보다. 여유 부리다가 시험을 못 칠 뻔했다.

위의 일정은 당시 내가 볼 필기시험의 접수와 시험 일정이었다. 접수 기간은 나흘이었지만 첫날 접수하겠다는 부지런함(?)을 장착하고 노트북을 켰다. 접수 시작은 오전 10시였고 내가 노트북 앞에 앉아 접속한 시간은 오후 1시 정도였다. 필기시험 장소는 사는 곳 근처에서 골라 접수할 수 있어 우선 내가 사는 ○○ 지역부터 살펴봤다. "어, 마감이네. ○○ 여기는? 여기도 마감??" 순간 내 눈을 의심했다. 뭐야, 다 마감이라고??

그때부터는 손이 좌우로 떨려 마우스 클릭이 내 맘처럼 되지 않았다. 겨우겨우 그나마 집에서 1시간 30분 거리의 지역에 필기시험 신청을 할 수 있었다.

"우와, 이거 뭐지? 아무리 코로나19로 시험 응시자가 많아졌다 해도 그렇지 이 정도일 줄이야…."

겨우 접수를 하고 인터넷 카페에 들어가니 가관이다. 대전에 사는데 경주까지 가서 시험을 봐야 한다는 둥, 아직 접수를 못 했다는 둥, 그야말로 아수라장이다. 실기시험 접수 때는 무조건 '명절에 기차표 예매하듯!!' 광클릭 각이다.

직업상담사 자격증 1차 필기시험 준비물

• 신분증

- 수험표(출력 또는 암기)

- 컴퓨터용 사인펜

- 문제 풀이용 필기구(연필 또는 샤프)

- 시계

- 계산기(선택)

○○역 3번 출구에 내렸다. 시험 날 시험 장소 근처에 가면 항상 같은 역이나 정류장에서 함께 내리게 되는 사람들이 있다. 시험 장소를 찾기 어렵다면 그중 '어, 왠지 저 사람도….' 싶은 사람을 따라가면 된다. 십중팔구 시험장 교문으로 들어간다. 단 본인이 평소에 정말 촉이 없다면 네이버 지도나 티맵 어플을 추천한다.

내가 들어간 반에서는 11명이 함께 시험을 봤다. 나중에 들어보니 한 반에 20명 정도가 정원인데 평균 5~10명 정도가 오지 않았다. 코로나19로 결시율 또한 급등한 것이다.

떨리는 가슴으로 자리에 앉아 기다리면 시험 전 안내방송이 나오고 감독관이 시험지를 나누어준다. 시험 감독관이 응시자 한 명 한 명을 보고 본인확인을 하고 나면 시험이 시작된다.

시험장에는 30분 전에 도착할 수 있도록 여유 있게 집에서 출발하는 것이 안전하다. 신분증은 반드시 지참해야 하고 수험표는 없어도 괜찮으나 수험번호를 알고 있어야 시험장 입실이 빠르다. 필기시험은 4지선다형이므로 OMR카드에 마킹만 주의해 작성하면 된다.

튼데레 남편이 사준 계산기는 쓸 데가 없었다. 혹시나 하고 가져갔지만 역시나였다. 직업상담사 필기시험에 나오는 계산 문제는 초등학교를 무탈하게 졸업했다면 풀 수 있는 수준이다. 그렇기 때문에 계산기를 사용하는 행동은 시험 감독관의 불필요한 관심을 불러일으킬 수 있다.

시험 당일 기출문제 덕을 본 것이 있다. 기출문제 중 노동시장론에서 야구 문제가 있는데 30만 원이 답이었다. 10년치 기출문제 중 유일하게 풀이 과정이 보기 싫던 문제라 그냥 답이 30만 원이구나 했는데 그 야구 기출문제가 시험 당일 그대로 나온 것이다. 답은 30만 원. 고맙다, 기출아!

필기시험을 마치고 집에 돌아와 내가 푼 A형 가답안을 맞춰보니 1과목부터 5과목까지 2개, 2개, 3개, 0개, 3개를 틀렸다. 90점이다. 공부를 너무 했나 싶었다.

⊕ PLUS

시험 문제를 대하는 나만의 자세

문제를 풀 때 문제가 '~옳은 것은?'이라고 나오면 '옳은'에 동그라미를 친다. 반대로 '~틀린 것은?'이라고 나오면 '틀린'에 밑줄을 먼저 긋고 문제를 푼다. 이게 무슨 팁이냐고 하겠지만 문제를 풀기 전에 이렇게 표시를 해두면 옳은 것에 틀린 것을 고르고, 틀린 것에 옳은 것을 고르는 실수는 절대 하지 않게 된다.

" 2차 실기시험 공부는
장난이 아니다 "

> **1차 필기시험 합격자 발표일** : 9월 3일
> **2차 실기시험 접수일** : 9월 15일 오전 10시부터
> **2차 실기시험 일정** : 10월 18일

자, 이제 2차 실기시험 준비다. 사실상 합격을 위한 분수령은 2차 실기시험이라 할 수 있다. 1차 필기시험에서 떨어진 사람은 반성하고 다시 공부해야 한다.

1차 필기시험과는 달리 2차 실기시험은 실질적으로 범위가 다르다는 느낌을 받는다. 5과목 노동관계법규가 빠졌음에도 불구하고 오히려 지엽적인 부분에서 주관식으로 시험 문제가 나올 수 있고, 암기를 한다는 것은 단순히 이해하는 것과는 다른 메커니즘이기 때문이다.

그냥 닥공하는 것이 합격의 비법일 수도 있다. 단 2차 실기시

험은 1차 필기시험 때와는 달리 공부 시작 전 단계에서 조금 더 신중해야 한다.

우선 암기를 위한 메인 자료인 빈출문제를 본인 스타일과 잘 맞는 것으로 확보(?)하는 일이 중요하다. 무슨 말인가 하면 2차 실기시험의 기출문제는 애초에 외부 유출이 불가능한 관계로 응시생들의 기억에 의존해 만들어지기 때문에 실제 시험 문제와 100퍼센트 싱크로율을 자랑하는 기출문제는 존재하지 않는다는 뜻이다. 그러다 보니 애매한 기억으로 만들어져 살짝살짝 다른 문제와 답이 돌아다니기 때문에 수험생들의 혼란을 가중시키게 된다.

출간 도서는 다를까? 마찬가지다. 최대한 문제와 답이 정확한 빈출문제를 기준으로 삼고 외우는 것이다. 그리고 내가 외우기 좋은 답안으로 정하는 것도 필요하다. 공부하다 보면 이게 무슨 말인지 알 것이다.

빈출문제는 어떻게 구하냐고? 직업상담사 자격증 시험 관련 카페를 방문해 보면 친애하는 천사, 선녀 여러분들이 올려주신 많은 자료가 있다. 그중 하나를 활용하면 된다. 나 역시 처음에는 빈출문제 정리 자료를 마구잡이식으로 다운받아 모았다. 그렇게 다 모아보니 말 그대로 자료의 홍수 속에서 헤엄도 못 치는 나는 익사 직전이었다.

비슷한 자료가 많은 데다, 어떤 이가 올린 자료의 재탕, 삼탕,

N탕 수준의 자료들도 부지기수다. 하지만 자료를 몇 개 모아보면 '아, 이걸로 해야겠다'하는 것이 보인다. 그럼 그 문제들을 메인으로 삼아 시작하면 된다. 나는 160개 정도 빈출문제가 담긴 자료로 시작했다.

뼈대가 잘못 서면 뭔가 어정쩡한 자세가 되는 것처럼 애초에 중심이 되는 자료를 잘 고른 뒤 살을 붙여 나간다고 생각하면 된다.

2차 실기시험 준비를 어떻게 할지는 '본인의 불안도'와 '자격증 취득 목적', '공부할 수 있는 시간'에 따라 달라진다.

1. 본인의 불안도

불안한 것보다 차라리 공부를 더 하겠다는 사람은 시간이 허락하는 만큼 많이 외우면 된다. 나는 불안한 것을 극도로 싫어하는 유형인지라 내 스스로 선을 정한 뒤 그 분량만큼 공부했다. 그 선은 10년치 기출문제 외우기. 동차합격이 목표였기 때문에 공부할 수 있는 기간을 조금 여유 있게 잡아두었다. 이 짓(?)을 또 할 수는 없으니까.

2. 자격증 취득 목적

자격증을 따려는 목적을 분명히 해야 한다. 가산점을 얻기 위해 직업상담사 자격증을 따야 하는 사람이라면 딱 그만큼만 공부하면 된다. 2주 공부하고 자격증을 땄다는 사람도 있다니 말이다. 그래도 직업상담사로 일하기 위해서 자격증을 따려 한다면 조금 더 신경 써서 공부해야 하지 않을까?

3. 공부할 수 있는 시간

내가 오롯이 공부할 수 있는 시간을 따져봐야 한다. 나는 1차 필기시험 합격자 발표가 나온 9월 초부터 2차 실기시험 전까지 하루에 평균 5시간 정도씩 공부했었다. 하루 평균 공부 시간과 공부한 기간인 40일을 곱하면 총 200시간 정도 한 셈이다. **하루에 쓸 수 있는 시간이 많으면 날짜가 줄어들 것이고 총 시간을 어느 정도 잡을 건지 계산하면 며칠이 필요한지, 매일 몇 시간 정도는 공부해야 하는지 나온다.**

후기를 보면 단기간에 합격했다는 글도 있지만 그보다 자신의 암기 능력과 공부 스타일을 알아야만 한다. 수능 만점자의 공부법과 나의 공부법은 다르기 때문이다. 내가 어떤 스타일인지 파악하고 난 뒤 그에 맞는 방법을 찾아 공부해 모두 동차합격의 기쁨을 누리길 바란다.

공부 시간도 중요하지만 공부 방법 또한 무시할 수 없는 부분이다. 나는 책상에 앉아서 하는 건 너무 '나 공부해요!' 느낌이 나서 싫어한다. 소파에 편하게 기대어 앉아 교재를 다 늘어놓고 한다. 이 방법은 내 공부 방식이기도 하지만 같이 사는 가족들에게 '나 공부한다'라고 광고를 하는 것이다.

숨어서 공부하면 안 된다. 특히 자격증 시험공부는 여러 사람에게 알려야 스스로에 대한 구속력이 생긴다. 공부한다고 동네방네 소문내고 떨어지면 쪽팔리니까. 인간은 남에게 주목을 받으면 그 기대에 부응하기 위해 그렇지 않은 경우보다 더 노력해 성과를 올리게 되는데 이것을 심리학에서는 '호손 효과Hawthorne Effect'라고 한다.

또한 어떤 사물이나 사람과의 접촉 횟수가 늘어날수록 호감을 느끼는 것을 심리학에서 '단순노출 효과Mere Exposure Effect'라고 한다. 즉, 자주 노출된 자극에 긍정적인 태도를 갖게 되는 현상이다. 공부해야 할 책을 평소 눈에 잘 띄는 곳에 두게 되면 '접촉' 기회가 늘어나 공부해야 한다는 거부감이 줄어든다. 심지어 자꾸 보면 친근감도 생길 수(?) 있다.

●●● 2차 실기시험 공부 순서

내 경우는 1차 필기시험 가채점에서 90점을 받았기 때문에 바로 2차 실기시험 준비로 들어갈 수 있었다. 하지만 사람 마음이라는 게 어디 그런가. 좀 여유를 부리고 싶기도 해서, 미리 실기시험 기출교재를 사두었지만 본격적으로 공부를 시작한 건 1차 필기시험 합격자 발표가 난 그날부터였다. 그만큼 내 눈으로 합격증을 먼저 확인한 뒤 확실한 상태에서 2차 실기시험을 시작하고 싶었다.

세부적인 공부 방법은 개인마다 차이가 있겠지만 직업상담사 2차 실기시험 공부를 하기 위해서는 누구나 다음에 적은 방법대로 따르게 되는데 여기서 그 공부 순서를 공개하고자 한다.

1. 기출문제 확보하기

2차 실기시험도 10년치 기출문제를 우선 확보해야 한다. 앞서 말한 것처럼 실기시험 기출문제는 비공개인 특성상 CBT에 올라와 있지 않지만 인터넷 검색을 열심히 해보면 대부분의 문제를 구할 수 있다.

나는 1차 필기시험을 앞두고 CBT에서 기출문제를 프린트해서 재미를 봤지만 2차 실기시험 기출문제는 우선 찾기도, 프린트하기도 귀찮아 중고시장을 통해 기출교재를 구매했다. 그 책에 없는 최근 3년치 기출문제만 인터넷에서 구했고 나머지 10년치는 교재에 있는 내용으로 공부했다.

가끔 기출문제를 인터넷으로 찾는 시간이 생각보다 오래 걸렸다는 사람이 있다. 그래서 **기출문제와 답이 실려있는 교재를 사는 것이 준비 시간을 줄이는 방법이 될 수 있다.**

2. 빈출문제 익히기

실기시험 기출문제를 바로 풀어보면 제대로 답을 쓸 수 있는 것이 하나도 없어서 좌절하게 된다. 꿋꿋하게 계속 문제를 보면 포기각으로 가는 지름길이기 때문에 일단 문제 구경했다 치고, '빈출문제'를 먼저 눈에 익히는 것이 좋다.

빈출문제를 일단 눈으로 외우고 난 뒤 기출문제를 풀어보면 처음과는 달리 '오, 뭘 써야 할지 알겠어'라는 느낌이 오기 때문에 자신감이 만렙이 된다.

3. 기출문제 돌리기

빈출문제를 눈에 익숙하게 만들었다면 그다음엔 실제 시험처럼 풀어보자. 나는 **최근 2년 전 기출문제부터 과거 기출문제 순으로 풀어나가며 공부했다.** 가장 최근 2년치 기출문제는 마지막에 파이널로 모의고사처럼 쳐보기 위해 남겨 두었다.

기출문제를 풀 때 우선 문제만 먼저 보고 자신이 생각하는 답을 백지에 적어 본다. 놀라지 마라. 여전히 쓸 것이 없을 것이다. 하지만 어렴풋이 두문자나 키워드 중심으로 기억나는 부분이 있을 것이다. 그럼 그 부분을 제외한 내가 쓰지 못한 답안에 줄을 긋는다. 이런 식으로 기출문제를 계속 풀다 보면 점점 줄 치는 부분이 줄어들고 나중에는 줄을 칠 것이 없는 문제를 만나게 된다. 이건 내가 완벽하게 답을 쓴다는 것이다.

이런 방법으로 10년치 기출문제를 진행하면 점점 줄 칠 것이 줄어들고 신규 문제 정도에서 줄을 치게 된다. 아, 이때의 쾌감이란! 바로 이 맛에 공부하는 건가.

10년치 기출문제를 외운다는 말은 계산상 18문제×3회×10년 하면 대략 540문제가 되어야 하지만 중복되는 문제들도 많아 실제로 외워야 하는 문제는 그보다 현저히 적다. **중복 문제를 빼면 실제 암기 문제는 10년치의 경우 대략 200~300개 정도 된다.**

> 3년치 : 18문제 × 3회 × 3년 = 162문제
> 5년치 : 18문제 × 3회 × 5년 = 270문제
> 7년치 : 18문제 × 3회 × 7년 = 378문제
> 10년치 : 18문제 × 3회 × 10년 = 540문제

나는 2차 실기시험을 10일 정도 앞두었을 때 대략 200문제 정도의 기출문제를 거의 완벽하게 외울 수 있었고 50문제 정도가 죽어라 외워지지 않았던 것 같다. 3년치 기출문제를 보고 붙은 사람도 있다고 하니 정답은 없다. 내가 투자할 수 있는 시간과 에너지를 고려해서 몇 년치를 볼 것인지 정하면 된다.

여기서 중요한 팁은 빈출문제를 공부하면 평균 30~40점 정도는 나온다는 점이다. 그렇다면 안전한 합격선을 위한 나머지 20~30점은 어디에서 채울 것인지 생각하면 몇 년치까지 볼 것인지 예상할 수 있을 것이다.

안전하게 동차합격을 원한다면 5년치보다는 10년치를 추천한다. 5년치를 보더라도 완벽히 암기하기는 힘들다. 반면 완벽하진 않더라도 10년치 기출문제를 공부했다면 실기시험 날 처음 접하는 문제에 말도 안 되는 답을 쓰기보다는 한 번쯤 읽었던 문제라 기억을 쥐어짜 엇비슷하게 써 부분점수라도 받을 수 있게 된다. 일단 10년치 기출문제를 공부하면 100퍼센트 완벽하게 외우지는 못한다 하더라도 심리적으로 안정감이 확 오기 때문에 시험에 자신감이 생긴다. 10년치를 어떻게 외우냐고?

"실기시험 공부는
파란색 사인펜 3개로 "

1차 필기시험까지는 장난이었다. 문제는 2차 실기시험. 주관식 답을 쓰기 위해 기출문제 250~300문제를 외워야 하는데 이게 가능한 일인가 싶었다.

고등학교 때 전교 2등을 두 번 해봤다. 공부를 잘했다는 말이다. 그런데도 이건 아니지 싶었다. 학창시절의 기억력과 지금의 그것은 당연히 다를 것이고, 고시공부나 변호사 시험도 아닌데 이렇게까지 해야 하나 싶었다.

1차 필기시험은 권*찬 선생님 강의와 교재로 도움을 받았기에 이번에도 그분의 2차 실기시험 강의를 들었다. 그런데 그냥 문제와 답을 읽어주는 정도였기에 1, 2과목까지만 듣고 중단했다. 자, 이제 어떻게 하지?

마음의 준비를 하고 자료를 살펴본다. 문제 읽고 답 읽고 문제 보고 답 보고…. 어라, 한도 끝도 없이 나온다. 도대체 몇 개인지도 모르겠고 이걸 통째로 외워서 써야 한다니.

확신이 의심으로, 자신감이 좌절감으로 변하는 데 걸린 시간, 딱 1시간. 그리고 머릿속을 맴도는 생각 하나. '이게 가능해? 이 많은 걸 사람들이 다 외운다고? 외우면 뭐가 되긴 되는 거야?' 학자들의 이론은 또 왜 그리도 많은 건지, 실무에서 다 쓰지도 않을 텐데.

"그래, 딱 볼펜 세 개만 쓰자."

인터넷 카페에서 어떤 사람이 2차 실기시험 공부를 하느라 손목을 못 쓸 정도가 되었다는 글을 보니 덜컥 겁이 났다. 눈과 입으로 최대한 외우고 손은 안 쓰면 어떨까? 아니야, 무조건 쓰면서 외워야 나중에 시험 칠 때도 반사적으로 쓸 수 있게 되려나? 나는 내놓을 게 손밖에 없는데. 이런 걱정을 카페에 올리니 답변이 달린다.

- 손목까진 몰라도 손가락 중지에 볼록하게 굳은살은 확실히 생깁니다. ㅎㅎ
- 걱정 마세요. 합격 후 서너 달 지나면 다시 원상복구 됩니다.
- ㅋㅋㅋ 고시도 아니고…. 그 정도는 아닙니다.

어떻게 하면 손목에 무리가 덜 가게 공부할 수 있을까 궁리 끝에 볼펜 대신 사인펜으로 공부하기로 했다. 볼펜은 아무래도 힘을 좀 줘야 하는데 사인펜은 슬슬 써지니 힘이 거의 들지 않았다. 파란색 펜으로 쓰면 암기가 잘된다는 정보를 듣고 집에 굴러다니던 파란색 사인펜들을 모아봤다. 밑져야 본전이니 일단 좋다는 건 다 해보는 것이다. 그래서일까, 난 파란색 사인펜 세 개 쓰고 합격했다.

중요한 문제는 중요하니까 외워야 하고, 덜 중요한 문제는 시험에 나올 확률이 있기 때문에 외워야 했다. 그러다 보니 강의보다는 기출문제들을 정리해서 달달 외운다.

결국엔 책 전체를 거의 다 외우는 셈이 된다. 헛웃음과 함께 "이게 되네" 싶었다.

관련 카페에 들어가 보면 기출문제와 함께 암기법도 정리해서 올려주는 천사 내지 선녀 같은 분들이 있기 때문에 암기법을 찾아 참고해도 좋겠다. 하지만 각자만의 스타일이나 정리 방법이 있기 때문에 결국 나는 내 방식대로 공부했다.

⊕ PLUS 완벽한 암기를 위한 방법	두문자 암기법의 위력
	많은 사람이 아는 방법이다. 학생 때도 애용했다. 앞 글자만 따서 외우는 방식으로 최단기 암기법의 지존, 암기계의 대모라고 불린다.

무불흥현 적결현 적우비 적부우다비강불….

스님들이 외우는 천수경 같은 염불과 흡사하다. 염불하니 떠오르는 추억 하나. 일곱 살 때 할머니가 염불 외우시는 걸 옆에서 따라 하다 보니 《화엄경 약찬게》를 통째로 다 외웠었다. 어른이 되어 우연히 다시 그 책을 보게 되었는데 깜짝 놀랐었다. 그 나 이 때 기억력은 생애 탑이 아닐까 싶다.

1차 필기시험 공부부터 이렇게 외우면 좋다. 찾아보면 두문자 암기법도 많다. 다른 사람이 만들어놓은 것 중 괜찮은 건 그대로 외우고 아니라면 직접 만들어 외우면 된다. 예를 들면 완전한 사 람의 특징을 '창자개실신' 또는 '개창자실신' 이런 식으로 외운 다. 자극적이거나 충격적인 단어로 외우면 당연히 기억에 더 오 래 남는다. 그때 외운 두문자 암기는 대부분 까먹었지만 이건 생 각나니 말이다.

그런데 이런 두문자만 외우면 두 가지 부작용이 생긴다. 처음 엔 나도 여기서 벽에 부딪혔다. 첫째, 창자개실신은 잘 외워지지 만 정작 문제와 매칭이 안 된다. 어떤 문제에 이 답을 써야 할지 알 수 없게 되어버린 것이다. 진짜 '창자개실신'만 머릿속에 남 아있다. 그래서 반드시 문제와 두문자 암기 문장을 함께 연결해 외워야만 한다.

둘째, '창자개실신'에 살을 붙여 외워야 한다. 처음부터 끝까지 풀어내지 못하면 말 그대로 도로아미타불이다. '창'은 뭐고 '자' 는 뭔지 완전하게 쓸 수 있을 정도로 외워야 한다는 뜻이다.

일이 점점 더 커진다. 결국 전부 다 외워야 하는구나, 그런 거구나. 그래서 매끄럽게 말을 잘 만드는 것도 능력이 된다.

●● 포스트잇 & 무한반복

아, 암기를 위해서는 문제와 두문자를 연결하고 더불어 두문자에 살도 붙이고…. 알겠다. 그런데 이런 암기법이 200개가 넘는다면? 그렇다, 반복뿐이다. 눈에 발라야 한다.

상담학과 심리학은 그 양이 방대해 매일 읽고 쓰고 또 외웠다. 하루에 18~20개 정도의 문제를 암기했다. 가장 중요한 건 오늘 외운 것을 내일도, 모레도, 반복해 보는 것이다.

많이들 사용하는 방법, **나 역시 끝까지 외워지지 않던 문제는 포스트잇에 적어 집 안 곳곳에 붙여놓고 왔다 갔다 하며 수시로 봤다.** 나중에는 포스트잇을 붙일 자리가 없을 정도였다.

시간이 아까워 주방 벽에 포스트잇을 붙여놓고 설거지하면서 외우면 더 잘 외워지는 느낌, 기분 탓이겠지?

암기법을 만들고 포스트잇에 붙여 읽고, 쓰고, 말하고…. 이를 계속 반복하면 자신감이 생긴다. 2차 실기시험은 80점 이상을 받는다고 생각하고 공부해야 합격선 60점을 넘을 수 있다.

●● 암기노트

1차 필기시험에서 오답노트를 사용한 것처럼 2차 실기시험에서도 나만의 암기 노트를 만들면 편하다. **노트에 정말 외워지지 않던 문제와 답을 정리하거나, 따로 암기법만 써놓아도 좋다.** 시험장에 가기 전에는 집 안에 붙여놨던 포스트잇을 다시 노트에 붙여 들고 가면 시험 직전까지 볼 수 있어 도움이 된다.

●● 앱(app) 활용

암기에 도움을 주는 앱들이 다양하게 나와있어 적절하게 활용할 수 있다. 출퇴근 시간이나 잠자기 전 자투리 시간에 활용한다든지, 외워야 할 내용들을 스마트폰 음성파일에 녹음해 다른 일을 하는 중에 짬짬이 듣는다든지, 손으로 써서 적으며 외우는 것보다 앱이 익숙하고 편한 사람이라면 이러한 방법이 꽤 유용할 것이다.

암기와 공부에 도움이 되는 앱을 찾아보고 나의 상황과 스타일에 맞는 것을 골라 사용하면 된다.

" 이거 쓰려고 그 고생을 했나 "

직업상담사 자격증 시험은 농담 섞어 총 3차 관문이었다. 필기시험, 실기시험에 앞서 접수에서 한 번 걸러지기 때문이다. 1차 접수, 2차 필기시험, 3차 실기시험인 셈이다. 그 정도로 접수에서 피 터지는 접전이 벌어졌다. 접수를 해야 시험을 볼 것 아닌가.

필기시험 접수 때 이미 패닉상황을 겪었기 때문에 2차 실기시험 접수에는 칼을 갈았다. 필기시험을 보러 가도 이렇게 떨리진 않았는데….

9시 45분 정도에 아아를 한잔 마시고 노트북을 켰다. 로그인까지 해두고 접수신청 버튼이 있는 페이지가 뜨게 세팅을 완료했다. 그런데 이건 뭐 10시에 클릭하자 마자 로딩에 30초씩 걸리고, 무통장입금으로 하다 아니다 싶어 겨우겨우 가상계좌로 결제했다.

그동안 입에서 ABCD가 저절로 새어나왔다. 그마저도 한 번에 결제가 안 되서 노트북 화면 쳐다보는데 '아, 이렇게 해서 시험을 못 칠 수도 있구나' 싶었다.

이후 15분 동안 '접수진행중(미완료)' 화면만 뜨고, 필기시험 접수 때 보내주던 카톡도 오지 않고, 피가 마른다는 게 뭔지 그날 제대로 실감했다.

어찌어찌 결제를 완료하고 25분이 지나서 '접수완료' 글자를 확인하고 나자 기진맥진했다. 소파로 좀비처럼 걸어가서는 널브러졌다. 심신 안정이 필요한 순간이었다.

'코로나 때문에 응시자가 진짜 많나 보다. 그래도 그렇지…'

접수하다 수명 단축된다. 이 시험은 무조건 동차합격이 진리다.

직업상담사 자격증 2차 실기시험 준비물

- 신분증
- 수험표(출력 또는 암기)
- 검정색 볼펜 : 다른 색으로 쓰면 빵점 처리된다. 절대 금지!!
- 문제 풀이용 필기구(연필 또는 샤프, 지우개)
- 자 : 굳이 없어도 되지만 표로 정리하는 문제가 출제되었기 때문에 있어도 괜찮다. 줄 긋는 데 자신 있는 사람은 없어도 되지만 그렇지 않은 사람은 손 떨린다.
- 시계
- 계산기(선택)

TIP

2차 실기시험 답안 작성 요령

1. 문제지를 받자마자 잘 아는 문제의 답부터 키워드 혹은 내용을 적어 내려간다.

2. 아는 문제의 답을 재빨리, 최대한 많이 적는다.

3. 작성한 문제를 체크해 점수를 더해서 합격점 커트라인인 60점에서 몇 점이 부족한지 계산한다.

4. 내가 작성한 문제의 답으로 몇 점이 나올지를 미리 예상하고 나면 그때부터는 '아, 앞으로 몇 문제의 답만 더 적으면 합격이니 OK'라는 생각으로 마음에 여유가 생긴다.

5. 이제 순서대로 문제를 읽고 답을 최대한 채워나간다. 나중에 볼펜으로 써야 하니 지울 수 있도록 연필이나 샤프로 적는다.

6. 합격 커트라인인 60점보다 높은, 자신이 미리 생각해 둔 점수가 될 때까지 계속 문제를 읽고 답을 채워나간다. 나의 경우 내 예상 점수는 70점이었다.

7. 꼼꼼하게 문제를 읽고 답을 쓰고 난 뒤 이제는 더 이상 고칠 답이 없다 싶을 때가 되면 검정 볼펜으로 다시 깨끗하게 적는다. 이때 검정 볼펜이 아닌 다른 색 볼펜으로 답을 작성하면 빵점 처리가 되므로 절대 금지!!

8. 문제지에 낙서, 기호 등 어떠한 표시도 절대 해서는 안 된다.

●● 끝까지 남은 자가 승자

2차 실기시험장에는 마지막으로 세 명이 남았는데 거기에 내가 있었다. 끝까지 잡고 있어야 한다. 이게 제일 중요한 팁이다.

끝까지 남아 있어야 하는 경우는 두 가지가 있다.

첫 번째, 잘 모르겠다 싶은 문제는 포기하지 말고 남은 시간 동안 계속 그 문제를 보면서 생각해 내고, 유추하고, 어떻게든 답을 만들어 써내야 한다.

두 번째는 답을 잘 썼다고 착각하는 경우로, 문제가 교묘하게 헷갈리게 출제될 수 있기 때문에 시험장을 나오고 나서야 "아차!!" 할 때가 있다.

결론은 누구나 끝까지 시험지를 붙잡고 남아 있어야 한다는 것이다. 어차피 시험 시간은 사용하라고 주는 것이다.

그날 나는 아는 것부터 정확하게 쓰고 난 뒤 애매한 문제의 답까지 마무리해서 더 이상 손 볼 답이 없다고 생각할 즈음에 시험관이 "5분 남았습니다" 했는데 순간 문제를 착각하고 잘못 쓴 답이 눈에 들어왔다. 오 마이 갓!

볼펜으로 작성한 답을 고쳐야 할 때는 오답에 두 줄을 긋고 다시 써야 한다. 그런데 예상치 못한 상황에 긴장해서인지 손이 덜덜 떨렸다. 정답을 머릿속으로 정리하는데 1분, 오답에 두 줄을 긋는 데까지 이미 2분을 써버렸다. 이제 남은 시간은 3분인데 손이 좌우로 흔들려 도저히 글씨를 쓸 수가 없었다. 그렇게 3개의 답 중 1개 반 정도만 쓰고 제출했다. 그래도 마지막까지 남아 고친 덕분에 그 문제는 빵점에서 부분점수는 받았다.

●● 비움보다는 채움이지만 정확한 답만 쓰자

아무것도 적지 않고 비워서 제출하는 것보다는 뭐라도 쓰고 나와야 한다. 여기서 주의!

정확히 아는 것만 적어야 한다는 점이다. 문제의 답으로 정답과 오답을 함께 적어내면 그 문제는 빵점이 된다. 아는 것만 적으면 부분점수로 인정받지만 답에 오답이 포함되면 X가 된다. 그래서 모른다고 해서 이것저것 마구 적다 보면 나중에는 부분점수마저도 못 받는 경우가 생긴다.

정리하자면 정확하게 아는 답만 쓰고, 전혀 모르겠다 싶은 문제는 어차피 안 써도 빵점이니 뭐라도 쓰자.

2차 실기시험을 앞두고 10년치 기출문제를 읽고 외웠는데 시험 날 처음 보는 문제가 2~3개 나왔다. 알고 보니 그중 두 문제는 내가 공부한 10년치 기출문제의 바로 앞 연도에 출제된 기출문제였다. 그렇다고 2~3개 더 맞자고 11년치, 12년치 기출문제를 봤어야 했나, 하면 그건 또 아니다.

어쨌든 난 모르는 문제였지만 최대한 타당성 있게 쓰고 나왔고(글짓기), 관용의 오류를 기대하며 기다린 결과 시험 점수는 86점이 나왔다. 마지막에 손까지 떨며 결국 못 쓴 문제를 처음부터 제대로 썼다면 아마 90점을 넘겼을 것이다.

●●자주 묻는 질문

5년 전에도 지금도, 시험을 치는 사람들이 늘 묻는 질문이 있다.

Q 답을 쓸 때 단답형인지 서술형인지 어떻게 구별하나요?

A 문제에 '~쓰시오'는 단답식, 열거식이고 '~설명하시오'는 풀어쓰기다.

예) 3가지를 쓰시오 ⇒ A, B, C.(단답식으로)

3가지를 설명하시오(또는 기술하시오). ⇒ A, B, C를 쓰고 각각 부연설명까지 쓴다.

☞ '~쓰시오' 문제의 배점이 높다면 단답식에 좀 더 추가하여 서술하는 방법도 점수를 더 받는 전략이 될 수 있다.

2장

자격증을 따도 불안,
현장교육 없나?

운전면허증를 딴 건 대학교 4학년 때였다.
이후 서른이 되던 해, 다니던 회사에서 업무용으로 받은 차로
결혼 전까지 전국을 누비곤 했는데
결혼 후에는 대중교통으로 출퇴근을 하니 운전할 일이 없었다.
그래서 가끔 출장을 위해 1년에 3~4번 운전대를 잡으면
살짝 식은땀이 났던 기억이 난다.
일도 운전과 마찬가지다.
중간중간 운전을 해야 감을 잃지 않는 것처럼
틈틈이 교육을 받아야 매너리즘에 빠지지 않는다.

● ● ●

**❝ 자격증은 받았는데,
나 잘한 거 맞니? ❞**

"공부가 제일 쉬웠어요."

시험에 붙어서 느낀 기쁨은 딱 그다음 날까지였다. 인터넷 카페에 자격증 딴 걸 후회 중이라는 얘기가 올라온다.

'대부분 계약직이고, 월급은 낮고. 그런데도 들어갈 데는 없고, 업무강도는 장난 아니라는데….'

정말 그럴까? 자격증 취득 전이나 후나 고민하게 만드는 직업상담사에 관한 '말말말'들을 다시 한번 살펴보자.

●● 계약직

직업상담사를 계약직 위주로 채용하는 이유는 대부분 정부 위탁사업이라 그렇다. 성과나 실적이 기준에 미달할 경우 위탁사업에서 탈락하는 일이 발생한다. 직업상담사 인건비는 전체사업

비의 일부로 포함되는데, 이처럼 사업 지속 여부가 불투명하기 때문이다. 어쩔 수 없는 구조적인 부분이라면 다시 생각해 보자.

물론 정규직이라는 단어가 주는 심리적인 안정감은 무시할 수 없다. 하지만 계약직이라 해도 사업을 유지하게 되고 본인이 일을 잘했다면 계속 근무할 수 있는 여건도 많이 있다. 또 한 직장에서 오래 근무하지 못하게 된다 해도 수요가 없지는 않기 때문이다.

내가 생각하는, 직업상담사를 계약직으로 채용하는 또 다른 이유는 다음 두 가지다. 회사에서 일반적으로 정규직을 쓰는 이유는 첫째 '업무의 연결성' 때문이다. 그런데 직업상담사의 업무는 연결성이 중요하지 않다. 개개인을 매뉴얼에 따라 초기상담부터 취업 마무리까지 완결하면 끝이기 때문이다. 그 과정은 보통 1년이면 끝난다. 일반 회사처럼 어떤 사안을 몇 년씩 끌고 가는 프로젝트가 아니기 때문에 정규직의 필요성이 크지 않다.

둘째, 이 직업상담이라는 것이 결정적인 '심화 단계'가 없기 때문이다. 참여자는 신입 상담사와 경력 상담사와의 세밀한 차이를 느끼지 못한다. 회사에서 대리, 과장, 차장이 똑같은 업무를 하는 셈이다.

신입 상담사는 몇 달 일하면 경력 상담사 몇 년 차와 기본 상담에서는 큰 차이 없이 업무를 한다. 참여자에게 특별한 개인 상황이 발생하여 해결해야 하는 경우이거나, 행정이 어떻게 적용되는지의 경험치가 있고 없고의 차이일 뿐 대부분의 참여자는 그 상담사가 신입인지 경력인지 알지 못한 채 직업상담이 끝나게 된다.

●● 낮은 급여

우선 직업상담사 시장의 수요공급은 불균형하다. 어쩔 수 없다. 그리고 앞서 계약직 관련 내용에서 언급한 이유 등으로 경력이 쌓인다고 해도 급여 상승 폭이 크지 않다.

또 다른 이유로는 누구나 시작할 수 있는 일이다 보니 직업상담사 능력 관리가 잘 이루어지지 않고, 그러다 보면 간혹 상담의 질이 떨어지는 경우가 발생한다. 입직하는 순간 그냥 일을 맡겨 버리고 개인이 알아서 직업상담을 해야 하는 현장 상황이다 보니 상담사의 역량에 따라 상담에도 차이가 날 수밖에 없다. 잘하는 상담사도 있지만 그렇지 못한 경우도 생기면서 시장 가격이 떨어지게 된 것이다.

●● 어려운 입직

이 부분은 일부는 맞고 일부는 틀리다. 우리 회사에는 신입이 대부분이지만 경력직을 선호하는 경우도 많으므로 자격증을 취득한 후에는 급여와 여건이 만족스럽지 않더라도 일단 입직해 경력을 쌓는 것이 좋다. 몰라서 안 보이는 것뿐이지 찾아보면 의외로 직업상담 관련업무로 뽑는 곳이 다양하다.

●●●스트레스

스트레스 없는 일이 있겠냐만 예전에 취업성공패키지는 직업상담사의 이직률이 높기로 유명했다. '취업성공패키지에서 경력 쌓으면 어디 가도 인정해 준다'는 말이 있을 정도로 말이다.

지금 국민취업지원제도만 보아도 일 년 내내 채용공고가 올라오고 있는 걸 보면 업무강도가 만만치 않다는 얘기다.

"입직 전 교육은 도로연수다"

2020년 실기시험 최종 합격자는 7,200명 정도였다. 1년에 시험이 세 번 있었으니 한 회에 자격증을 취득하는 사람이 2,000명이 훌쩍 넘었다는 얘기다. 이미 포화된 시장이다.

시험 응시에 제한이 없는 자격증이라 합격자가 많은 것인데, 그러다 보니 변별력이 없다. 솔직히 이런 자격증 하나로 고용 안정 보장까지 바라는 건 현실적으로 무리가 있다. 직업상담사 자격증 자체로 전문성을 보여주기에는 부족하기 때문에 자격증 하나만으로 경쟁력을 갖기는 쉽지 않다.

운전면허증을 땄다고 차를 바로 몰 수 없는 것처럼 자격증을 가지고 있다고 해서 현장에서 일이 저절로 되진 않는다. 많진 않지만 직업상담 실무교육을 하는 곳이 있으므로 시간이 된다면 입직 전에 찾아서 듣기를 추천한다. 특히 나처럼 독학을 한 경우라면 미리 현장 분위기를 느껴보기 위해 실무교육이 필요하다. 직업상담사를 하려는 사람들을 미리 만나보는 것도 의미가 있다.

나는 여성새로일하기센터에서 진행하고 여성가족부에서 주관하는 교육을 들었다. 교육비를 여가부에서 지원해 주기 때문에 무료다. 성실함을 담보(?)하려고 10만 원을 내는데 수료하면 5만원, 취업하면 나머지 5만 원을 돌려준다.

우리 기수는 수강생이 10여 명 정도였고, 저마다 상황도 각기 달랐다. 전업주부였던 사람, 원래는 사회복지사를 하려고 했는데 직업상담사 업무도 배우려고 온 사람, 갓 대학 졸업한 새내기, 헤드헌팅 경력자, 학원에서 고등학생을 가르치던 강사, 공무원시험 준비하다 온 주부 등등. 나이대는 20~50대까지로 그중 40대가 가장 많았다. 공통점은 모두 여성이라는 것 뿐 성격도 다르고 스타일, 학력, 사는 지역, 소득수준도 모두 달랐다. 수강생에 따라 적합한 대상자와 기관도 달라 보였다.

'저 사람은 중장년층 상담자가 맞을 것 같고, 저 사람은 직업훈련기관에서 일을 잘할 것 같고, 저 사람은….'

과연 이 일이 맞을까 우려되는 사람도 물론 있었다. 그때 알았다. 참여자도 제각각이겠지만 상담자들도 마찬가지로 다양하겠구나.

그때 만난 수강생들 대부분은 앞서 그 센터에서 과정형 교육을 수강한 동기들이라 서로 친했다. 그러면서 직업상담사 자격취득을 위한 훈련으로 과정평가형, 검정형이 있다는 것도 알았는데 그들은 독학으로 공부한 나를 신기하고 대단하게 생각했다. 참고로 과정평가형이든, 검정형이든 채용하는 입장에서는 차이가 없다.

두 달 동안 매일 열심히 출석했고 이런저런 정보도 얻었다. 사실 취업을 어디로, 어떻게 해야 할지 막막했는데 종강 즈음이 되자 그곳에서 취업상담도 받을 수 있었다. 무엇보다 수강생들끼리도 서로 어디로 입직할지 이야기하며 도움을 많이 받았다.

수업은 강사별로 만족도 차이는 있었지만 커리큘럼은 괜찮은 편이었다. 나중에 내가 하게 된 국민취업지원제도는 교육내용과 연결성을 찾을 수 없을 정도로 매우 구조화되어 조금 허무했다. 하지만 배운 것이 어디 가겠는가.

강사님마다 직업상담 쪽 경력이 달라 그에 따라 직업상담에 대한 가치관과 시각도 달랐다. 개강한 지 얼마 되지 않아 교육과정 초반쯤에 어떤 강사님이 오셨다. 현장 중심의 실무를 오래 하셨고 무엇보다 실적이 좋은 분이었다.

"직업상담은 뭐다? 알선이에요. 아시겠죠? 직업상담은? 따라 해 보세요. 알선!!"

싫었다. 우선 '알선'이라는 단어 자체에 거부감이 들었다. 살면서 내가 생각하는 알선은 중매, 주선, 결혼정보회사를 연상하게 하는 단어였다. 나는 중매쟁이도 아닌데 알선? 그리고 취업알선, 이런 건 직업소개소에서 하는 말 아냐?

반면 어떤 강사님은 이렇게 이야기하셨다.

"우리가 일자리를 주머니에 잔뜩 가지고 있다가 구직자가 오면 딱 꺼내서 '여기 있소' 하는 게 아니에요."

코칭 중심의, 직업상담의 이상적인 방향성을 알려주는 강사님이었다. 좋았다. 내용보다 강사님의 소통방식에 매료되었고 그 수업을 흥미 있게 들은 기억이 난다.

교육이 끝나고 얼마 후 면접을 보는 자리에서 나는 면접관으로부터 답정너식의 질문을 받게 되었다.

"직업상담에서 가장 중요한 게 뭐라고 생각하나요?"

나는 "알선!!"이라고 대답했다.

'공감? 경청? 구직자의 성장을 도움? 전문성?' 찰나에 가까운 시간, 나는 고민을 끝내고 거의 본능적으로 대답을 했다. 이것 때문이었을까? 나는 최종 합격했다.

TIP
실무교육 받을 수 있는 곳

각 지역의 여성발전센터, 여성인력개발센터, 여성새로일하기센터 등에서는 현장실무를 위한 교육을 준비해 두고 있다. 수시로 홈페이지나 HRD-net을 찾아보면 쉽게 찾을 수 있고, 직업상담사 관련 카페 등에서도 실무교육과 관련한 홍보글이 올라온다.

이 밖에 온라인경력개발센터 꿈날개, 여성워크넷 사이트도 참고하면 도움을 받을 수 있다.

"입직 후 교육은 하기 나름?!"

　일한 지 6개월쯤 되었을 때 매너리즘 비슷한 게 찾아왔다. 취업 의지가 없는 참여자들을 붙잡고 취업성과를 내야 하는 상황은 답답했고, 업무에서는 새롭게 배울 것이 없다고 느껴졌기 때문이다. 마침 CAP@캡알파 교육을 수강하라고 하여 온라인으로 강의를 들었는데 아무래도 너무 기대한 것만 같았다. 더욱이 코로나19로 집단상담이 요원한 상황인지라 현실적으로 다가오지 않았다. 그래도 하나라도 건지면 그게 다 남는 거다.

　직업상담사 교육은 의무교육 등 나라에서 들으라고 하는 건 다 들으면 된다. 상담사도 개인차가 있으므로 각자에게 도움이 되는 수준도 모두 다를 것이다. 특히 직업심리검사 해석 및 활용 실무 관련 교육은 꼭 듣는 것이 좋다. 제일 쉽고 빠르게 전문가로 보일 수 있는 지름길이다.

8월의 어느 날

교육을 받는다.

나 스스로 던져놓은 셈이랄까.

편할 줄 알았는데 점점 머릿속이 복잡해진다.

너무 치열하게 사는 거 내 스타일 아닌데,

다들 왜 이리 열심인 거야.

극장이론은 이 사회 도처에 존재한다.

선행학습, 대학입시에만 적용되는 것이 아니다.

공부는 이제 더 할 일이 없다고 생각했다. 박사과정은 정말 내가 하고 싶은 분야가 생기면 그때, 나이가 몇 살이든 하겠다고 생각했다(그건 지금도 변함없다).

그런데 직업상담사로 일한다는 것은, 그 일을 제대로 한다는 것은 끊임없는 공부의 길로 들어섰다는 것을 의미한다. 직업에 관한 일이므로 영역의 제한도 없다. 그야말로 이 세상에 대한 거의 모든 것을 다 알아야 하지 않을까?

이걸 알아차렸을 때 난 여기 발을, 아니 이미 몸의 반 정도를 담그고 있었다. 직업상담사의 세계로 들어가는 것에 대해 실무교육 때 강사님 한 분은 이렇게 표현했다.

"늪에 빠졌다."

그렇다. 사실 직업상담사 교육은 들으려고 마음만 먹으면 무척 많다. 심리검사 관련만 해도 MBTI, 스트롱, 프레디저, 에니어그램, DiSC, 버크만 등 다양한 교육이 존재한다. 교육을 받는 것은 본인 의지고 모르는 것을 알게 되는 배움의 기쁨이 클 것이다.

교육에 적지 않은 돈과 시간을 쓰는 상담사들이 많다. 하지만 그것을 활용하고 적용하는 것은 또 다른 것이다. 이 부분은 개인의 판단과 선택에 남겨둔다.

TIP
직업상담사가 알아야 할 주요 사이트

- 워크넷 : work.go.kr/seekWantedMain.do
- HRD-Net : hrd.go.kr/hrdp/ma/pmmao/indexNew.do
- NCS 국가직무능력표준 : ncs.go.kr/index.do
- 큐넷 : q-net.or.kr/man004.do?id=manSubMain
- 씨큐넷 : c.q-net.or.kr/cmn/com/main.do

다시 말하지만 직업상담사가 공부할 영역은 무궁무진하다. 한 번에 모두 공부한다는 건 인간의 한계를 넘어서거나 오히려 자칫 전문성이 떨어질 수도 있으므로 욕심을 버리고 시작해야 한다. 앞으로 내가 직업상담사로서 주로 어떤 분야로 진행해 나아갈 것인가를 먼저 생각해 보면 진로, 취업, 전직, 창업 등으로 나눌 수 있게 된다.

■ 진로 분야

CAP@(CAP+(캡플러스)의 업그레이드), 직업심리검사, MBTI, 에니어그램 등을 배워두면 도움이 된다. 코칭 스킬, 상담 스킬도 배워두면 좋다.

■ 취업 분야

취업희망프로그램, NCS, 식업훈련 등 다양한 분야의 지식이 도움이 된다. 상담자의 이력서와 자기소개서 컨설팅에 필요한 공부는 필수다. 그 밖에 정부 정책, 고용·채용 동향, 산업트렌드, 관련 뉴스에 항상 눈과 귀를 열어두고 고용정보를 가능한 많이 알려고 노력해야 한다.

■ 전직 분야

전직지원 상담은 오랜 기간 회사에서 일한 경험을 가진 퇴직(예정)자를 대상으로 하기 때문에 신입 상담사가 처음 담당하기에는 벅찬 분야다. 게다가 전직 시장도 이미 전문가들이 많이 포진되어 있고, 여기에 화려한 스펙을 가진 퇴직자들도 이미 상당수가 이 분야에서 새로운 인생을 꿈꾸는 경우가 많기 때문에 더욱 치열할 수밖에 없다.

따라서 경험, 지식, 기술, 네트워크 등 직장생활의 자산을 동원하여 본인만의 차별화 전략을 세우는 일이 레드오션으로 바뀌고 있는 이 시장에서 살아남을 수 있는 방법이다.

■ 창업 분야

창업 쪽은 위에서 소개한 세 개의 분야와는 또 다른 메커니즘이므로 그에 맞는 공부를 별도로 해야 한다. 창업 관련 자격증이 따로 있으므로 그 자격증을 취득하는 것도 커리어에 도움이 되고, 정부지원 사이트 등 창업 관련 정보와 구조 등을 많이 배워야 한다.

이 분야 역시 단기간에 전문가가 되기 쉽지 않으므로 꾸준히 시간을 들여 많은 정보습득을 하며 경력을 쌓아나가야 한다.

TIP
직업상담사 관련 (보수)교육을 받을 수 있는 곳

• 한국고용정보원 : keis.or.kr
  = 집단상담 프로그램, cap@, 취업희망프로그램.
• 사이버진로교육센터 : work.go.kr/cyberedu/main.do
• 한국기술교육대학교 : koreatech.ac.kr
  = NCS 온라인수강 등.
• GSEEK지식(경기도 평생학습 포털) : gseek.kr

3장

이제 난 어디로?

"집이 이렇게 많은데 내 집은 없네."
집 없는 사람들이 자주 하는 이야기다.
"직업상담사에겐 일자리가 없고,
사회복지사에겐 복지가 없다더니…."
직업상담사를 뽑는 데가 이렇게 많은데
왜 내가 갈 데는 없는 건가?

. . .

" 직업상담사는 어디서 뽑나 "

    고용노동직류는 1999년 신설됐고, 2003년에 직업상담사 자격증 가점이 적용됐다. 또 직업상담직은 2007년 신설됐고 그해 직업상담사 자격증 가점이 추가됐다.[6]

    앞서 말한 것처럼 고용노동부에 직업상담직렬이 신설되어 기존 고용센터에서 근무하던 직업상담사들이 2007년에 공무원으로 전환된 적이 있었다. 이번에는 국민취업제도와 고용보험제도 확대 시행으로 인해 고용노동직과 직업상담직의 현장 공무원 인력을 중점적으로 채용할 것이라고 했다.[7]

    그럼 공무원 말고 직업상담사로 근무할 수 있는 곳은 어디일까? 결론부터 보자.[8]

---

6) 출처 : 법률저널(lec.co.kr)
7) 출처 : 인사혁신처 보도자료, 2021. 1. 2.
8) 가나다순, 사용기관에 따라 일부 명칭이 다를 수 있고, 사업에 따라 채용변화가 있을 수 있음.

건설근로자공제회, 고용정보원, 국가보훈처 제대군인지원센터, 국방전직교육원, 남북하나재단, 노사발전재단, 노인일자리센터(노인복지센터), 대학일자리센터, 대한상공회의소, 민간위탁기관(국민취업지원제도), 서민금융진흥원, 여성일자리센터(여성새로일하기센터, 여성인력개발센터), 인력은행, 인력파견업체, 인소싱 기업(집단상담프로그램), 일자리센터(일자리플러스센터), 일자리재단, 잡월드, 전직지원기관, 국방취업지원센터, 직업전문학교(직업훈련기관), 진로교육지원센터(진로·취업캠프), 특성화고 취업지원관, 학원(컴퓨터, 뷰티, 요리 등), 한국법무보호복지공단, 한국장애인고용공단, 헤드헌팅 업체, HR기업, 각 지자체에서 운영하는 취업지원센터와 프리랜서 강사.

채용인원은 소수 인원으로 TO가 어쩌다 나오는 곳도 있고, 대규모로 뽑는 곳도 있다. 직업상담사로 취업하겠다고 마음먹었다면 다음 활동을 해보자.

- 워크넷에서 '직업 취업' 검색
- 내가 사는 지역의 시청·구청·도청 홈페이지 확인
- 관심 기관 홈페이지 확인

입직을 해보면 그 안에서 본인이 어떤 업무가 맞는지 찾을 수 있다. 취업은 기본 자격조건만 넘으면 나머지는 운이 많이 작용한다. 포기하지 말고 많이 지원하면 어쨌든 입직은 할 수 있다.

다음은 직업상담사 채용공고 메일링이다. 특히 국민취업지원제도 상담사는 1년 내내 다양한 기관에서 계속 뽑고 있다. 그만

둔 상담사 자리를 메우거나, 배정인원이 많아져 증원하거나 둘
중 하나이다.

	~2021-11-09
▓▓▓▓▓▓ 국민취업지원제도 직업상담사(경력직) 모집	
연봉 2,400만원 이상 │ 경력 1년 │ 대졸(2~3년) ~ 석사 │ 서울 송파구 │ 등록: 2021-09-13	

	~2021-11-09
▓▓▓▓ 국민취업지원제도 서울서부지사 직업상담사 채용	
연봉 2,400만원 이상 │ 경력 관계없음 │ 대졸(2~3년) ~ 박사 │ 서울 서대문구 │ 등록: 2021-09-13	

	~2021-11-09
▓▓▓▓ 국민취업지원제도 서울북부지사 직업상담사 채용	
연봉 2,400만원 이상 │ 경력 관계없음 │ 대졸(2~3년) ~ 박사 │ 서울 강북구 │ 등록: 2021-09-13	

	~2021-11-09
서울북부 국민취업지원제도 직업상담사 모집	
연봉 2,500만원~3,000만원 │ 경력 관계없음 │ 대졸(2~3년) ~ 석사 │ 서울 도봉구 │ 등록: 2021-09-13	

	~2021-11-08
고용노동부 집단상담프로그램 운영 직업상담사 모집	
월급 186만원~186만원 │ 경력 관계없음 │ 대졸(4년) ~ 석사 │ 경기 부천시 │ 등록: 2021-09-10	

	~2021-11-09
새로일하기센터 취업상담사 모집	
월급 186만원~186만원 │ 신입 │ 대졸(4년) ~ 석사 │ 경기 부천시 │ 등록: 2021-09-10	

	~2021-09-23
▓▓▓▓ 대학일자리센터 컨설턴트	
연봉 2,900만원~2,900만원 │ 경력 1년 │ 대졸(4년) │ 서울 성북구 │ 등록: 2021-09-09	

	~2021-09-24
[정부지원사업] 고용노동부 청년 디지털일자리사업 실무자 채용 ★ 청년내일채움공제…	
연봉 2,400만원 이상 │ 경력 관계없음 │ 학력무관 │ 서울 강남구 │ 등록: 2021-09-08	

	~2021-11-07
[구인] 직업상담사	
월급 200만원 이상 │ 경력 1년 │ 고졸 ~ 석사 │ 인천 미추홀구 │ 등록: 2021-09-08	

	~2021-11-07
국민취업지원제도 업무담당자 채용	
연봉 2,500만원 이상 │ 경력 관계없음 │ 대졸(2~3년) ~ 석사 │ 서울 강북구 │ 등록: 2021-09-08	

출처 : 워크넷 내일레터

취업을 하기 위해 여러 사이트를 지켜보다 보면 유독 채용공고가 꾸준히, 그것도 자주 올라오는 기관들이 있다. 구직자의 입장에서 보면 반가운 소식이 아닐 수 없는데 과연 그러할까?

채용공고가 잦다는 말은 기관에 취업을 했다 그만두는 사람들이 많다는 뜻이기도 하다. 그러니 가능하면 그런 곳에는 지원하지 않는 편이 좋다. 물론 증원을 위해 추가로 뽑는 곳도 있겠지만 평소 채용공고가 자주 올라오는 곳이라면 먼저 잘 알아본 뒤 지원하도록 하자.

직업상담사가 되어 참여자들 취업알선을 할 때도, 상시 채용하고 있는 회사는 일단 거르는 것이 좋다.

워크넷의 기업채용이력에서 검색해 보거나 잡플래닛 같은 회사평가를 검색해 볼 수 있는 사이트를 활용하는 편이 안전한 구직활동을 위한 길이다.

한동안 직업상담사 관련 인터넷 카페에는 민간위탁기관 국민취업지원제도 상담직과 고용센터 직업상담원 8개월짜리 계약직을 두고 어디서 근무하는 것이 더 낫겠냐는 질문이 끊임없이 올라왔다.

고용센터 직업상담원 일자리는 8개월 근무한 뒤 종료가 확실함에도 불구하고 관심이 정말 뜨거웠다. 8개월 근무 후 무기계약직으로 전환될 가능성이 희박함에도 불구하고 '카더라 통신'과 '혹시나' 하는 마음이 뒤섞여 많이들 지원한 것이다. 무기직과 직상공무원 채용에서도 고용센터 경력이 있는 사람과 없는 사람의 당락이 달라질 수밖에 없다는 것을 알기 때문이다.

나도 일단 고용센터 계약직 직업상담원에 지원하고 보자는 마음이었다. 기간제 직업상담원 채용의 경우 보통 1개월에서 길어야 5개월 정도의 근무조건인데 이번에는 8개월이었고, 다른 기관에서도 1년 계약직이 흔한 상황인 것을 감안하면 별 차이 없는 조건이었다. 지역별로 채용인원도 많았고 왠지 채용 과정도 공정할 것 같으니까. 그리고 칼퇴근과 야근수당 보장도 무시하지 못할 조건이었다. 내가 교육받은 여성새로일하기센터 교육팀 직원도 3년 경력자였는데 그만두고 고용센터로 갔다.

정답은 없고 결국 본인이 정하는 것이다. 다른 사람에게 물어볼 때도 이미 스스로 마음속에 결정을 하고 있는 경우가 많다. '나는 어디에 가치를 두고 일할 것인가' 이것을 고민하다 보면 일할 대상이나 기관이 보일 것이다.

" 직업상담사의 이력서와 자소서 "

중이 제 머리 못 깎는다고, 이 작업이 참 난감하다. 직업상담사 이력서, 자소서는 어떻게 써야 할까?

각자가 가진 이력, 경력, 경험 등이 다르기 때문에 정해진 틀에 맞출 수 없다. 사실 모든 직종이 다 마찬가지지만 직업상담사로 입직하려면 이전 경력을 재구성하여 새롭게 정리를 해야 한다(이 또한 당연한 말). 모든 이력서, 자소서 작성에 정답은 없듯이 직업상담사의 그것도 마찬가지다.

참여자들 이력서, 자소서 클리닉을 할 때 어떻게 하는가? 직무연결성이 가장 중요하다. 똑같이 적용해 보면 힌트를 얻을 수 있다.

우선 가장 간단하게 떠올릴 수 있는 것은 뭘까. 예를 들면 상담에서 역량을 보여주든지, 행정 업무 경력을 내세우든지, 홍보 업무를 해봤다든지, 강의를 잘한다든지, 알선에 능력자임을 보여주든지 하는 것이다.

여기에 해당되는 게 없다고? 그럼 좀 더 디테일하게 들어가 보자. 직업상담사로 일할 때 필요한 직무를 NCS 기반으로 분석해 보면 어떤 능력을 요구하는지 알 수 있다.

직업상담사 체크리스트와 자가진단 자료 등을 참고했다. 아래 능력 중에 본인에게 해당하는 것을 체크해 보자. 그리고 그 부분을 내 용어로 표현하여 어필하면 된다. '내가 이런 역량이 있다'는 것을 구체적으로, 사례를 들어 써야 한다.

●● 상담할 때 필요한 능력

진로상담, 취업상담, 직업훈련상담, 집단상담프로그램 운영, 직업정보수집·분석·가공·체계화, 비대면 직업상담, 직업적응상담(사후관리) 등.

특히 태도적 측면은 다음과 같다.

- 공감하고 경청하려는 마음
- 구직자에 대한 편견 없는 이해심
- 내담자를 배려하는 마음가짐
- 내담자를 주의 깊게 관찰하려는 태도
- 선입견을 배제한 가치중립적인 태도
- 내담자가 언제라도 상담할 수 있도록 하는 친화력
- 내담자가 자발적으로 상담을 받을 수 있도록 하는 친절한

응대

- 내담자의 문제를 해결하고자 하는 적극적인 태도
- 내담자의 신뢰를 증가시키려는 지속적 태도
- 조직의 생리와 직무에 대한 상호관련성 수용
- 지속적인 성장가능성을 촉진시켜주려는 의지

●● 행정 업무할 때 필요한 능력

직업상담 실적 관리, 직업상담 사무 관리, 전산망 관리, 직업상담 시설 관리, 직업상담 홍보, 취업지원행사 운영, 직업상담서비스 협업체계 구축 등.

특히 태도적 측면은 다음과 같다.

- 개인정보 보호 노력
- 개인정보 보호 노력 유지
- 문서관리 규정 준수 의지
- 발전적 사고
- 비품을 절약하려는 태도
- 사업을 위해 최선을 다하는 주인의식
- 시설을 보호하고 유지하려는 노력
- 실적을 꾸준하게 관리하려는 의지
- 재방문하고 싶도록 만드는 친절한 응대

- 전산망을 관리하는 성실성
- 정확한 실적을 보고하려는 노력
- 조직원을 가족과 같이 생각하는 신뢰감 형성 유지
- 조직원의 경험에 대한 개방적인 태도
- 직업상담 사업을 위해 최선을 다하는 주인의식

●●● 직업심리검사 해석할 때 필요한 능력

국민취업지원제도에서는 워크넷 심리검사가 필수단계로 정해져 있으므로 검사선정과 검사실시보다는 검사결과 해석 능력이 더 중요하다. 직업심리검사 해석이란 구직자의 직업 관련 논점과 표준화된 직업심리검사 매뉴얼에 따라 실시한 검사 결과를 판정 및 해석하고, 이를 보고서(상담일지) 형태로 작성할 수 있기 위함이다.

특히 기술적 측면은 다음과 같다.

- 검사 결과 판정 능력
- 공감적 이해 능력
- 언어적·비언어적 의사소통을 기술
- 구조화할 수 있는 면접 능력
- 임상사례별 해석 조정 능력
- 적극적 경청 기술

- 직업심리검사 매뉴얼 해석 능력
- 통계적 해석 능력

특히 태도적 측면은 다음과 같다.
- 객관적으로 검사 결과를 해석하는 비판단적 태도
- 내담자를 향한 개방적 태도
- 내담자의 권리를 최대한 존중해야 할 의무
- 내담자의 다양성을 존중하려는 태도
- 비밀 유지를 위한 노력

내가 여기서 '태도적 측면'을 더 강조하는 이유는 지식이나 기술은 일하면서 배워나갈 수 있지만 태도는 쉽게 바뀌지 않기 때문이다.

직장생활 경력이 많지 않다고 또는 아예 없어서 쓸 게 없다고 걱정하는 사람들이 있다. 쓸 게 없는 게 아니라 못 찾은 것이다. 위에 적은 많은 사항 중 자신이 가진 능력 몇 개라도 있으면 생각해 내서 쓰면 된다. 경력이 없어도 태도적 측면에서 본인이 매치되는 부분이 많고 이 일을 하고 싶다는 열망이 크다면 이력서, 자소서에 쓸 게 없다는 얘기는 안 할 것이다.

가슴에 손을 얹고 태도적 측면에서 해당 사항이 별로 없다면 다시 생각해 봐도 좋을 것 같다.

여기서 잠깐! 직업상담사 이력서를 쓸 때 지원자의 업무 경력과 경험을 적으라는 경우도 있는데 경력은 '보수를 받고 일한 것', 경험은 '무보수로 일한 것'을 뜻하니 관련 내용을 구분해 적으면 된다.

⊕ **PLUS**

이력서 사진은 제발 증명사진으로!!

실내에서 찍은 셀카 사진을 이력서에 붙인 지원자가 있었다. 우리 모두 경악을 했고 바로 서탈(서류탈락)이었다. 믿기지 않겠지만 실화다. 본인이 가장 예쁘게 나왔다고 자부하는 사진을 붙이면 안 된다.

가끔 상식과 기본을 벗어난 지원자가 직업상담사 일을 하겠다고 서류를 낸다. 더구나 이력서, 자소서 클리닉을 해야 할 사람인데 이건 아니다 싶다.

사진으로 붙지는 않지만, 사진 때문에 떨어진다.

“이 나이에 면접이라니”

'면까몰'이라는 말이 있다. 면접은 까볼 때까지 모른다는 뜻이다. 난 세 군데 기관 면접으로 이 말이 진리임을 확신하게 되었다.

●●첫 번째 입사지원 면접, 고용센터

택시를 잘못 내렸다. 고용센터와 고용노동지청은 다른 건물인데 나도 택시 기사님도 몰랐다. 그냥 옆 건물이 아니고 완전히 다른 곳이었다. 티맵을 켜니 500m 직진하란다. 택시를 타고 갈 거리도 아니다.

반쯤 걸었을까. 발뒤꿈치가 좀 이상하다. 무슨 느낌인지 여자들은 안다. 면접이라고 얼마 전에 산 6센티미터 굽의 검정 구두를 신었는데 어김없이 뒤꿈치가 까이는 것이었다. 새 신을 신는 날엔 밴드를 챙겨 나오는데 그날은 그럴 여유가 없었다. 피부가

쓸리고, 까이는 진행 과정을 임상실험 당하듯 느끼며 건물을 찾았을 때는 이미 힘이 반쯤 빠진 상태였다.

'아, 뭔가 느낌이 안 좋다. 일이 안 풀리네.'

이런 생각하면 안 되는데 이미 엎질러진 생각이다.

건물 1층에 들어서니 면접자들은 2층으로 가라는 안내문이 있다. 계단으로 올라가니 대기실 문이 열려있다. 다른 면접자들이 보이지만 눈을 마주치진 않는다.

10분 정도 기다렸을까. 20대 후반에서 30대 초반으로 보이는 여자 공무원이 오더니 따라오란다. 3층으로 올라갔다. 면접장 문이 열리고 면접관이 네 명 앉아있다. 남자 세 명에 여자 한 명이다. 여기 공무원들이겠지.

내가 먼저 들어가 제일 안쪽에 앉고 내 옆으로 40대 초반 남자, 20대 후반 남자, 30대 초반 여자, 50대 초반 여자가 순서대로 앉는다(내가 봤을 때 추측되는 주관적인 액면 나이이므로 사실과 다를 수 있다).

1. 행정 업무와 관련해 이전 근무경력을 이야기해 주세요.
2. 국민취업지원제도에 대해 아는 대로 말해보세요.
3. 앞으로 어떤 직업상담사가 되고 싶은가요?

어려운 질문이 아니라서 다들 보통 이상의 답변을 하는 듯했다. 답변을 하는데 면접관들이 별로 쳐다보지 않고 서류만 계속 이리저리 넘겼다. 나 또한 차분하게 답변을 잘했다. 준비한 감동 멘트를 날렸을 때는 서류만 보던 면접관 네 명이 고개를 들고 나를 봤다.

그런데 면접 중에 좀 이상한 광경이 있었다. 첫 번째 질문에서 가운데 앉았던 20대 후반 남자가 누가 봐도 미리 준비해 온 답변을 책 읽듯이 말했는데, 몇 마디 안 하고 막혔다. 긴장한 깃이다. 처음부터 다시 하고, 막혔던 지점에서 똑같이 막힌다. 또다시 처음부터 다시 답변을 하다 결국 세 번째 시도에서 답변을 마무리했다.

'아, 저 사람은 안 되겠구나' 하는 찰나, 중간에 앉아있던 여자 면접관의 그 안타까워하는 얼굴은 나만 본 것일까. 답변이 막혀 당황해하자 고개를 약간 올리면서 '괜찮아, 그래그래 그렇지 음, 다시 천천히 해봐요'라는 음성지원까지 들리는 듯한 저 시그널은 뭐지?

10분도 안 되어 끝난 면접에 팔다리 힘이 풀렸다. 피를 보면서 간 면접에 나온 질문이 달랑 세 개라, 어처구니가 없었다. 잊고 있던 쓰라림이 발 뒤쪽에서 다시 밀려왔다.

끝에 앉았던 50대 초반 여자와 건물 밖에서 얘기를 나눈다. 도대체 질문 세 개로 어떻게 사람을 뽑는다는 건지 이해할 수 없다고 처음 본 사람을 붙잡고 열을 낸다. 그 사람은 다른 지역 거주

116

자로 이쪽에 지원했는데 판단을 잘못한 것 같다고, 자기는 안 될 것 같다고 했다. 서로 잘되길 바란다는 덕담(?)을 주고받고 헤어졌다.

까진 발이 아직 아물지 않은 이틀 뒤, 발표가 떴다. 내 이름이 명단에 없다. 눈을 의심했다. 스크롤을 계속 내려간다. 합격자 명단표 아래에 당구장 표시로 예비합격자가 있다. 이건 뭔가? 거기에 내가 있다. ○번째로.

'이건 합격도 아니여, 불합격도 아니여.'

두 번째로 내 눈을 의심하게 만든 것은 합격자 명단에, 답변이 막혀 세 번 얘기한 그 면접자가 있었다는 사실이다. 이번 채용에 앞서, 몇 개월 동안 고용센터에서 계약직 근무경력이 있는 사람이었다.

아, 이것이 말로만 듣던 '내정자'인가? 그리고 나는 '병풍' 역할을 한 것이고? 그래서 질문이 세 개뿐이었던 것?

진실은 아무도 모른다. 팩트는 그날 내가 '경험한 그 상황', 그리고 이후 나의 추측일 뿐.

●●● 두 번째 입사지원 면접, 구청

서류를 내러 갔다. 방문접수만 한단다. 잠시 기다리라 해서 의자에 앉았다. 은행 창구처럼 생긴 곳에 상담사같이 보이는 두 명이 있었다. 오해 없길 바란다. 특별히 상담사는 어떻게 생겨야 한다는 기준은 없다.

그중 한 상담사가 통화를 하다가 뒷목을 잡는다.

"지금 직업훈련 받고 있지 않으세요?"

이 말을 세 번 묻는다.

"제 질문에 답을 먼저 해주시고요."

"그러니까 직업훈련을 지금 받고 있으시잖아요. 이 대답하기가 그렇게 어려우세요?"

아, 저렇게 말을 못 알아듣는 사람과 통화를 해야 하는 일인가 보다. 연세가 많은가 보다. 그래도 좀 더 부드럽게 얘기하지 싶었다. 그와 대조적으로 옆 창구에서는 누군가와 대면상담(?) 중인데 분위기가 사뭇 좋다.

처음엔 신경 안 썼는데 뒤에 살짝살짝 주고받는 얘기가 들렸다. 알고 보니 나 같은 지원자였다. 지원자랑 뭐 저렇게 사이가 좋아? 아는 사람인가?

그 지원자가 가고 나니 나를 부른다. 서류를 건넸다. 아니, 공손히 드렸다고 하는 게 맞겠다. 상담사가 내 서류를 꺼내서 본다. 이력서를 조금 더 가까이서 몇 초 보더니 말한다.

"총괄하셨네요?"

"네."

총괄한 걸 어쩌라고. '홍시 맛이 나서 홍시 맛이 난다고 했을

뿐이온데, 왜 홍시 맛이 나냐 하시면….'

집에 오면서 고민했다. 총괄이사 경력을 괜히 적었나보다. 다음부터 안 써야 하나? 안 쓰면 이상하고 그냥 실장이라고 써야 하나?

#면접 #날씨부조 #망삘

면접 날이다. 그런데 눈이 올 것 같다. 바깥에서 치르는 행사나 잔칫날에 날씨가 안 좋으면 준비한 판을 그르치기 십상이다. 오는 손님들도 날씨가 궂으면 기분이 썩 좋진 않다. 사람 모이는 일에는 그날 기상 상태가 중요해 행사의 성패마저 좌우한다. 그래서 날씨부조가 제일 큰 부조란 말이 생긴 것이다.

'하늘이 도와줘야 하는데.'

애써 그런 생각은 지우려고 고개를 젓는다. 혹시 몰라 집으로 다시 들어가 우산을 챙겼다. 머릿속이 복잡하다. 3번 출구인데 2번 출구로 잘못 나왔다. 처음 가는 길도 아닌데 착각했다. 역시 날씨가…. 다시 돌아서 건물 안으로 들어갔다.

'4층이라 했지.'

4층에 내리니 면접 보러 온 사람들이 서너 명 있다. 이름표를 목에 걸고 있기 때문에 안다. 5명 뽑는데 서류를 낸 사람 모두 면접을 본다고 했다. 50명 가까이 되는데 이해가 가지 않았다. 서류에서 1차 거르면 되지 전수 면접을 왜 하는지. 그래서 3인 1조로 하루 종일 면접이란다.

할 일이 없나. 그 순간 '전시행정' 단어가 떠올랐다. 모두에게 기회를 주겠다는 깊은 뜻? 아니야, 내가 이런 생각까지 할 필요는 없고. 그래서 오늘은 몇 개나 질문하려나.

1. 공통 질문 : 지원동기는 무엇인가요?
2. 개별 질문 : 이전 회사에서는 어떠한 업무를 담당했나요?
3. 공통 질문 : 해당 업무를 담당할 나만의 장점은 무엇인가요?
4. 희망자만 질문 : 마지막으로 하고 싶은 말이 있나요?

면접관은 세 명. 가운데 여자 면접관, 양쪽으로 남자 면접관이 있다. 나는 이번에도 제일 안쪽으로 들어가 앉는다.

면접에서는 이력서, 자기소개서에 내가 써놓은 걸 물어본다. 대각선에 앉아있던 나와 비슷한 나이로 보이는 은테 안경을 쓴 남자 면접관이 묻는다. MOU 많이 한 걸 써놨더니 송곳 같은 질문이 훅 들어온다.

"업체랑 협약을 많이 하셨는데, 이쪽 ○○ 지역도 있나요?"

'당연히 없지. 회사가 □□에 있었는데.' 당황한 마음에 결론부터 답변이 안 나오고 다른 얘기들로 길어진다.

"잠시만요, 말씀 중에 죄송한데 그래서 여기 ○○ 쪽 업체가 있냐고요?"

"아뇨, 대부분 □□ 소재 업체들이라 ○○은 없었습니다."

오랜만에 뇌 정지가 왔다. 그리고 직감했다. '망했다.'

허를 찌른 그 면접관은 평생 못 잊을 것이다.

마지막으로 하고 싶은 말 있냐고 해서 이때다 하고 감동멘트를 열심히 날렸지만, 나를 꼭 뽑아야 한다고 우기고만 온 것 같다. 화장실이 급한 면접관들을 더 힘들게 한 패착이었다.

집으로 돌아오는 길에 다시 되뇐다.

'일자리가 최고의 복지라는 비전하에…' 어쩌고저쩌고….

2월 1일부터 12월 31일까지 11개월 계약직이었다. 참고로 11개월은 퇴직금이 없다.

●● 세 번째 입사지원 면접, 민간위탁기관

두 군데에서 물을 먹고 나니 현타가 왔다. 공공기관 쪽은 이제 틀린 것 같고 민간으로 가야 하나.

'여우와 신포도' 이야기는 실패로부터 우리를 구해주는 가장 빠른 처방약이다. 떨어진 두 곳의 안 좋은 점들을 하나하나 생각하니 안 된 게 다행처럼 느껴졌다.

어쩔 수 없어서가 아니라 생각의 전환을 하자. 채용정보를 다시 찾으니 집에서 가까운 거리에 있는 민간위탁기관에서 국민취업지원제도 직업상담사를 뽑는다는 게 눈에 들어왔다.

예전 직장 출퇴근 시간이 왕복 2시간 반에서 3시간 가까이 걸렸기 때문에 가깝다는 것은 내게 월 30만 원 이상의 가치가 있었다.

#끝날때까지 #끝난게아님 #합격통보

'면바면'이 무슨 말인지 아는가? 케바케, 사바사를 알면 이것도 추측 가능하다. 맞다, 면접에 따라 다르다는 얘기다.

바로 서류접수를 했고 나흘 뒤 면접을 봤다. 공공기관과 달리 아늑한 분위기였다. 그리고 다대다 면접도 아니었다. 대표님과 임원 한 분이 면접자 한 명씩 면접을 봤다. 질문도 많았고 존중받는 분위기였다. 그래, 이게 제대로 된 면접이지.

1. 자기소개를 해주세요.
2. 회사 홈페이지는 살펴보았나요? 느낌은 어땠나요?
3. 어떤 회사에서 일하고 싶은가요?
4. 합격 후 상관인 팀장이 말도 안 되는 일을 강압적으로 시킬 때는 어떻게 대처할 생각인가요?
5. 팀은 어때야 한다고 생각합니까?
6. 본인이 가진 리더십과 팔로워십은 몇 대 몇 비율인가요?

7. 기존에 하던 일을 연장해 하지 않고 새로이 이 일을 하게 된 결정적인 계기는 무엇인가요?

8. 직업상담에서 중요한 덕목은 무엇이라 생각하나요?

9. 국민취업지원제도를 아는 대로 이야기해 보세요. 매뉴얼을 살펴본 적이 있나요?

10. 입사 후 3개월은 수습기간입니다. 그리고 제시한 연봉은 받아들일 수 있나요?

11. 마지막으로 하고 싶은 말이 있나요?

그 밖에 질문도 있었지만 사적인 부분이라 생략한다.

느낌이 왔다. 하지만 또 김칫국 드링킹하면 안 되니까 마음을 차분하게 하고 집으로 왔다. 기도하는 마음으로 기다렸다. 그리고 그날 오후 난 최종 채용합격 통보를 받았다.

⁶⁶면접에서 왜 떨어질까?⁹⁹

가끔 면접에서, 나는 말도 잘하고 다 잘했는데 정말 왜 떨어졌는지 모르겠다는 사람들이 있다.

"말씀을 참 잘 하시네요" 또는 "준비를 많이 해오셨네요"가 합격을 100퍼센트 보장하는 멘트가 아니라는 것을 알아야 한다. 내가 서류에서 떨어지는 이유, 면접에서 떨어지는 이유는 반은 운이고, 나머지 반은 내가 미처 생각지 못한 나의 단점 때문이다.

여기서 운은 회사나 면접관이 원하는 사람이 원래부터 내가 아닐 확률이 높다는 거다. 그런데 그 기준을 알 수가 없다. 어떤 사람을 뽑으려는지 모른 채 면접장으로 들어가는 것이다. 그리고 나머지 이유인 내가 모르는 나의 단점은 뭘까?

상담사로서 갖추어야 할 기본적인 이미지에 적합하지 않은 경우다. 예를 들어 표정이 어둡다든지, 말투가 어눌하다든지, 잘난 척하는 느낌이라든지.

전해 들은 얘기로 어떤 지원자가 말은 잘했는데 상의 윗 단추를 두 개 풀었더란다. 목에 블루투스 이어폰을 걸었는데 그게 옷 칼라와 정리가 안 되어 눈에 계속 거슬렸다는 피드백도 있었다. 본인은 왜 떨어졌는지 몰랐을 것이다. 그리고 직업상담사는 특히 고집이 있어 보인다든지, 기가 세 보여도 동료와 잘 어울려서 일할 수 있을까 우려되는 점에서 당락에 영향을 미칠 수 있다.

덧붙여 직업상담사가 되기 전까지 고생한 구직경험은 직업상담사로서 소중한 자산이다. 한 번에 딱!! 붙었다면 지금 직장의 소중함도 몰랐을 것이고, 구직자들의 심정도 진심으로 이해하진 못했을 것이다. 상담 중에 나의 경험을 들려주는 것으로도 공감과 신뢰를 쌓을 수 있다.

⊕ **PLUS**

두 다리 건너면
다 안다.

서류 심사나 면접을 본 회사에서 나의 전 직장 성과나 업무 태도 등을 알 수 있을까?
레퍼런스(reference)란 기업이나 조직이 새로운 직원을 채용할 때 그 사람의 전 직장에서의 평판을 조회하는 것을 말한다.
나는 그러한 사례를 아직 목격한 적은 없지만 보통은 신입보다는 경력 채용 시에 주로 일어난다. 다른 업계도 이와 비슷한 경우가 있겠지만 특히 직업상담사 업종은 좁은 편이라 2~3명만 거치면 평판을 알아볼 수 있다.
동료와의 협업에서 마찰이 있었거나, 주변의 신임을 얻지 못한 경우, 또한 업무 역량이 부족하다는 평판이 있다면 좋은 피드백을 받을 수 없다.

TIP
직업상담사 면접에 나오는 질문 Best

1. 자기소개

2. 왜 지원하게 되었는가?

3. 어떤 업무를 하는지 아는가?

4. 이 업무에 적합하다고 생각하는 자신의 장점은 무엇인가?

5. 악성 민원인을 어떻게 대처할 생각인가?

   : 특히 공공기관 면접에서는 이 질문이 빠지지 않고 나온다.

6. 마지막으로 하고 싶은 말이 있는가?

   : 이때가 본인이 준비했는데 안 물어봐서 못 한 말을 하거나, 앞에서 실수한 부분을 만회할 수 있는 절호의 기회다. 확실하게 눈도장을 찍거나 역전할 수 있는 시간이다. 하고 싶은 말이 있느냐고 묻는데 "없습니다"라며 기껏 차려준 밥상을 엎으면 절대 안 된다.

그 밖에 다음 질문들도 종종 묻곤 하니 미리 준비해 가면 도움이 된다.

· 고용센터가 뭐 하는 곳인지 아는가?

· 국민취업지원제도에 대해 아는 대로 말하라.

· 어떤 상담사가 좋은 상담사라고 생각하나?

· 직업상담사에게 가장 중요한 덕목은 무엇인가?

· 직업상담사를 선택한 이유는 무엇인가?

· 동료와 충돌이 생겼을 경우 어떻게 해결할 생각인가?

· 일하며 실적 압박이 생길 수 있는데 어떻게 생각하나?

· 채용된 업무 외 다른 업무를 하게 된다면 어떻게 할 생각인가?

4장

드디어 입직하다

다시 경제활동인구에 속하게 되었다.
아주 잠깐이지만 일할 의사 없이 비경제활동인구로 있다가
노동시장으로 진입했으니 말이다.
'사회생활 경력이 얼만데 신입처럼 일할 순 없지.
월급도 신입이고 실제로도 신입이지만
일은 경력자처럼 해야 한다.'
누가 대놓고 말한 건 아니지만 그렇게 일하고 싶었다.

• • •

"2주 교육 후 사지로"

신규 입사자를 위한 업무교육이 있긴 하다. 따로 며칠씩 할애하여 업무를 가르쳐주지 않는다. 코로나19로 인해 온라인 교육으로 진행한다. 솔직히 봐도 큰 도움은 안 된다.

두꺼운 매뉴얼 책을 봐도 너무 방대하여 다 입력이 안 된다. 필수상담을 위한 내용 위주로 숙지하고 나머지는 해당 경우가 발생했을 때 봐야 제대로 인지가 된다.

가장 효율적인 것은 과외다. 경력 상담사와 내가, 상담사와 참여자가 되어 롤플레잉 게임을 하듯이 해보는 것이 가장 빨리 머리에 들어온다. 전산 관련해서는 특히 경력자에게 물어가며 배우고 익혀야 한다.

원래 일반적인 하루 업무는 예약된 상담을 하고 남은 시간에 행정 업무나 취업알선 업무를 한다. 상담, 행정 업무만 하는 것이 아니라 홍보 업무도 한다. 그리고 상·하반기 고용센터의 현장점검이나 기관평가를 앞둔 기간에는 그 준비로 업무가 늘어나고 더 바빠진다.

초창기(2~3월) 나의 일과
: 당시 참여자 배정이 계속 들어오는 상황이라 상담 위주로 진행.

- 출근체크
- 오늘 예약 상담자 확인과 상담파일 재확인
- 내담자 상담 진행(초기상담, 2차 상담, 취업활동계획 수립)
- 상담일지 작성
- 관련 문서 작성 및 팩스 발송
- 업무 관련 메일 확인(주로 업무처리 지침 변경 사항 체크)
- 다음 날과 이틀 뒤의 예약상담자 확인과 파일 리뷰
- 유선을 통해 상담자와 통화
- 상담자들의 문의 사항 답변
- 업무보고
- 퇴근체크

●●● 상담 업무

국민취업지원제도의 특성상 연초에 상담이 많을 때는 하루에 대면상담을 7건까지 한 적이 있다. 초기상담에, 2차 상담에, IAP

수립에, 구직촉진수당 신청까지.

평균으로 따지면 하루에 대면상담 3~4건 정도와 유선상담 6~7건 정도 이루어지며 개인별로 30분~1시간 정도 상담하고 상담 내용을 업무 전산망에 입력한다.

다음 상담을 하기 전에 시간이 있으면 입력을 하고, 상담이 많은 날은 그날 상담을 다 마쳐야 입력을 할 수 있다. 입력하는 곳이 한두 군데가 아니라 은근히 시간이 많이 소요된다.

'어머, 이건 꼭 써야 해.'

이 상담일지라는 것이 참 그렇다. 매번 써야 한다는 점에서 '보고를 위한 일지'라는 생각을 지울 수 없다. 100퍼센트 다 쓰고 싶지만 걸러야 하는 내용이 있다는 점도 그렇다.

나는 구직촉진수당에만 관심을 보인다든지, 취업 의지가 없다든지, 상담시간에 자주 늦는다든지, 특이점이 있는 참여자는 잊지 않고 일지에 쓰려고 한다. 지금 당장은 생각이 나도 시간이 흐르면 그 많은 참여자와의 상담을 다 기억할 수 없기 때문이다. 귀찮지만 상담일지 기록이 중요한 이유다.

●●● 홍보 업무

민간위탁기관은 실적 지상주의기 때문에 참여자 확보와 취업률이 보편적인 실적이다. 참여자가 많아야 수익이 커지기 때문이다.

참여자는 고용센터에서 보내주는 인원과 자체모집을 통한 홍보로 확보한다. 지역에 따라 홍보를 하지 않더라도 인원이 충분한 곳이 있는가 하면, 부족한 인원으로 적극적인 홍보 활동을 해야 하는 경우도 있다. 대부분 현수막 게시나 전단지를 돌리는 방식으로, 나가서 신청서를 받거나 아파트 관리사무소에 홍보를 한다.

가끔 교육홍보나 훈련생 관리 차원에서 직업훈련기관에서 찾아오기도 하고 우리가 찾아가기도 한다. 서로 내부 비치용 홍보물을 주고받는 것이다.

어차피 하는 거 나는 매일 사무실에 있는 것보다는 한 번씩 나가는 게 좋았다. 그렇게 한 번씩 바깥바람을 쐬어야 업무에서 받는 스트레스를 해소할 수 있다. 일하는 사람에게 휴식과 재충전은 정말 중요하다.

그리고 참여자 확보가 회사를 유지시키고 결국 내 자리도 지켜준다.

●● 점검 및 기관 평가

일반적으로 5~6월과 10~11월은 고용센터의 현장점검이 이루어진다. 하반기에는 기관평가까지 이루어지므로 좀 더 업무량이 많아진다. 고용센터에서 현장실사 및 지도점검을 나올 때 서류가 미비하거나 준비가 안 되어 있으면 주의나 경고를 받게 되고 다음 해 기관선정에 영향을 미친다.

미리 전산망과 서류 확인 등 관련 준비로 바빠지고 정신적으로도 예민해져서 1년에 가장 호시절인 봄, 가을에 점검준비로 나들이 한 번 맘 편히 못 하는 것이 직업상담사들이다.

위반사항에 걸리지 않도록 평소에 참여자와 서류관리를 잘해 놓으면 사실 큰 문제는 없다. 걸리는 기관 대부분이 평소 사소한 관리를 소홀히 해서이다.

해야 할 것은 하고, 지켜야 할 것은 지키고, 기본에 충실하면 아무 문제가 없다. 항상 시간이 부족하므로 정확하고 신속한 업무처리가 필요할 뿐.

" 직업상담 Q&A "

Q 내담자를 어떤 호칭으로 불러야 할까요?

A 국민취업지원제도에서 내게 상담 오는 사람을 뭐라고 불러야 할까?

직업상담사 시험공부를 할 때 직업심리학, 직업상담학 과목에서는 '내담자'라고 했다.

배운 대로 '○○○ 내담자'님? 이상하다. '○○○ 참여자'님? 그것도 좀 그렇다.

입직하니 이름도 앞에 붙이지 않고 그냥 '선생님'이라 부르는데 존중의 의미라 해도 스무 살 갓 넘긴 청년에게 '선생님'이라 하는 게 좀 어색했다. 그래서 난 '○○○님'으로 이름을 부르기로 했다. 물론 나보다 나이 많은 중장년층에게는 나도 '선생님'이라 칭한다.

모두에게 '선생님'이라 하면 편한 점은 있다. 이름을 외우지 않아도 바로 티가 안 난다. 하지만 불특정 다수로 여겨지는 '선생님'보다 오히려 이름을 불러주는 것이 더 신경 쓰고 있고 특별한 느낌을 주는 게 아닐까?

매뉴얼에 초기상담 때 참여자와 호칭에 대해 정하라고 되어 있으니 정답은 없다.

Q 상담의 노하우가 있을까요?

A 가끔 동료 상담사의 상담을 듣다 보면(일부러 듣는 것이 아니라 들린다) 좀 불편할 때가 있다. 참여자에게 너무 세게 얘기해서 다소 불쾌하거나 무례하게 느껴질 때다. 그럴 때면 흠칫 놀라기도 하고, '나는 저런 경우가 있진 않았나' 반면교사로 삼는다.

상담사라면 폭언과 같이, 누가 듣더라도 기분 나쁜 말은 당연히 하지 않겠지만 사람에 따라 호불호가 나뉘는 말도 조심해야 한다. 그 사람의 성향에 따라 말할 때 주의를 기울여야 한다.

상담하러 오는 참여자 중에 기분이 아주 좋아서 오는 사람은 없다. 당연하다. 그래서 더 긴장하고 신경 쓰고 주의해야 한다.

나는 직업선호도 검사 결과 유형을 미리 파악하고 2차 상담 때부터 유형별로 조금 달리 접근한다. 이건 각각의 특성을 잘 이해하면 된다.

현실형은 가급적 '분명하고 명확'한 표현을 쓰면서 상담하고, 탐구형은 참여자가 관심 갖는 부분에 대해 '집중적'으로 상담한다. 예술형은 참여자를 좀 더 '특별하게' 느끼게 하면서 상담하고, 사회형은 '관계' 즉, 어떤 유형보다 더 라포 형성이 중요하다. 진취형은 '유능'하다는 말을 좋아하므로 이 부분을 칭찬하며 진행하고, 관습형은 상담 '과정'과 '계획'을 중심으로 얘기하며 모호함을 없애준다.

일부 인지능력이 부족한 참여자도 꽤 있다. 그들의 눈높이에 맞춰서 최대한 자세히, 하나하나 알려줘야 한다. 이런 참여자는 진행 과정에서 시간이 몇 배로 든다.

가장 흔한 문제상황으로 휴대폰이 본인명의가 아닌 경우 워크넷 가입이 바로 안 된다. 직업선호도 검사를 하려면 본인인증을 해야 하는데 여기서부터 뭔가가 꼬이기 시작한다. 이상하게 안된다.

국민내일배움카드 발급을 받으려면 HRD-Net에서 동영상 시청을 해야 하는데 그것도 안 된다. 무슨 얘기인지 잘 알아들을 수 없다는 게 더 문제다. 해결 방법으로 아이핀을 발급받아야 하는데 이것도 한참 설명해야 한다.

겨우겨우 아이핀 발급은 받았다 해도 로그인에서 또 에러가 난단다. 이쯤 되면 진짜 울고 싶어진다. 시간은 시간대로 에너지는 에너지대로 쏟는데 알선취업으로 연결도 쉽지 않다. 이중고다.

십인십색이다. 나이, 학력, 성격, 사고방식, 취향 등 이렇게 다양한 사람을 만날 줄이야.

마찬가지로 직업상담사도 저마다 상담스타일이 다르다. 상담사의 성향이나 전직 여부, 보유지식에 따라 차이가 나기 때문이다.

Q 어떤 상담사가 좋은 상담사일까요?

A 《논어》의 〈제11편 선진先進〉에 보면 다음과 같은 내용이 있다.

> 자로가 "좋은 말을 들으면 곧 실천해야 합니까?" 하고 여쭙자, 공자께서 말씀하셨다. "부형이 계시는데 어찌 듣는 대로 곧 행하겠느냐?"
>
> 염유가 "좋은 말을 들으면 곧 실천해야 합니까?" 하고 여쭙자, 공자께서 말씀하셨다. "들으면 곧 행해야 한다."
>
> 공서화가 여쭈었다. "유(자로)가 '들으면 곧 실천해야 합니까?'라고 여쭈었을 때는 선생님께서 '부형이 계신다'라고 하셨는데, 구(염유)가 '들으면 곧 실천해야 합니까?'라고 여쭈었을 때는 '들으면 곧 행해야 한다'고 말씀하셨습니다. 저는 의아하여 감히 여쭙고자 합니다."
>
> 공자께서 말씀하셨다. "구(염유)는 소극적이기 때문에 적극적으로 나서게 한 것이고, 유(자로)는 남을 이기려 하기 때문에 물러서도록 한 것이다."

공자처럼 참여자에 따라 유연하게 대처할 수 있어야 그 사람에게 필요한 도움을 제대로 주는 상담사가 아닐까?

프레젠테이션, 스피치, 커뮤니케이션에서 빠지지 않고 나오는 내용으로 '메러비안 법칙'이라는 것이 있다. 미국 사회심리학자 알버트 메러비안Albert Mehrabian은 그의 저서《침묵의 메시지Silent Messages》에서 '한 사람이 상대방으로부터 받는 이미지는 시각 55%, 청각 38%, 언어 7%로 이루어진다'고 했다.

상담에 적용하면 내가 하는 의사소통 93%는 말의 내용이 아니라 비언어적인 형태, 즉 신체언어를 통해 전달된다. 나의 표정(마스크 착용으로 눈빛이 더 중요해졌다), 몸짓, 자세, 복장, 행동 등 시각적 이미지가 크게 작용하는 것이다.

내가 생각하기에 중요한 또 하나는 코드를 맞추는 것이다. 라포 형성을 위해서도 필요한 부분이다. 상담사가 누구냐에 따라 본인 이야기를 더 할 수도 있고 하기 싫기도 할 것이다. 미묘한 주파수가 맞는 사람에게 좀 더 자신을 드러내는 법이기 때문이다.

나는 그릇에 따라 담기는, 다양한 모습으로 변모하는 '수水 상담사'이고 싶다.

" 첫 상담의 날카로운 추억 "

첫 미팅을 누구랑 했는지는 기억나지 않지만 어떤 사람이 나올까 엄청 기대하고 떨렸던 느낌은 남아있다.

직업상담사가 되고 첫 상담을 한 참여자는 평생 잊히지 않을 것이다. 나는 처음인데 아마 그 참여자는 그러한 사실을 몰랐을 것이다. 나중에라도 물어볼 수 없는 일이다.

"내가 처음 상담했던 거, 혹시 알았어요?"

#첫상담 #비로맨틱 #성공적

나의 첫 번째 참여자에게 초기상담 일정을 잡기 위해 수화기를 들었다. 음음. 목소리도 가다듬고, 심호흡도 하고 번호를 눌렀다.

"안녕하세요, ○○○님이신가요? 저는 국민취업지원제도 상담사 ○○○입니다. 초기상담 일정으로 연락드렸습니다."

상담 일정을 잡고 위치 안내를 하니 그녀가 카랑카랑한 목소리로 묻는다.

"민간위탁기관인가요?"

순간, 잠시 멍해졌다.

"네."

"음, 알겠습니다."

뭐지? '민간위탁기관'이라는 단어를 정확하게 쓰는 이 참여자는? 민간위탁기관이면 안 되나? 내가 뭘 잘못했나?

한동안 풀리지 않던 수수께끼는 그러고도 한참이나 후에 추측되었다. 아마도 그녀는 인터넷으로 여러 정보를 보았던 모양이다. 그러면서 '고용센터'니 '민간위탁기관'이니 하는 얘기를 봤을 것이다.

그 후 100명이 넘는 참여자에게 전화를 했지만 단 한 명도 통화에서 '민간위탁기관이냐'고 묻지 않았다. 하필 첫 통화에서, 그런 경험을 처음이자 마지막으로 한 것이다.

나를 잠시 당황하게 했던 그녀는 내 노파심과 달리 훈련도 듣고 구직활동도 하며 무탈하게 진행하였다.

#꼬꼬무 #쓰고쓰고 #적자생존

첫 상담은 기억에 남기 마련이라 해도 그 이후의 계속되는 상담 모두가 기억에 남는 것은 아니다. 상담 내용은 물론 각 상담마다 꼬리에 꼬리를 무는 생각들이 이어져 나온다. 생각의 속도를 따라갈 수가 없다. 그래서 써야 한다. 휘발되는 생각을 붙잡아두기 위해서 말이다.

삶이 무료한 58년생 참여자와 의사소통이 힘든 00년생 참여자를 같은 날 1시간 차이를 두고 만났다.

나이는 있지만 의욕과 역량이 많은 그분. 하고 싶은 일이 참 많았다. 나도 부러운 에너지와 부지런함이었다.

그리고 젊지만 인지능력이 부족한 그 친구, 심리검사 진행도 어려웠다. 횡설수설 의사소통이 힘들었다.

나는 오늘도 많은 것을 생각하게 된다.

오래전 인터넷에 회자되던 이야기가 있다. 전공이 무엇이든, 어떤 직장을 다니든 결국 마지막은 치킨집 사장이 된다는 '치킨집 수렴공식'이었다. 자조적인 이야기였는데 오늘 상담을 하고 나니 문득 드는 생각이 있다.

중장년층의 경우 여성은 30대 후반부터 40대는 간호조무사, 50~60대는 요양보호사, 남성은 특히 50~60대는 경비원, 지게차, 굴착기 훈련을 받는다. 이전에 뭘 했건 똑같다. 아픈 현실이다.

자매가 참여를 했다.

간호조무사 훈련을 함께 받고 취업하고자 했다.

직업선호도 검사 결과 둘 다 자기효능감이 낮게 나왔다.

동생 : "네, 그걸(자기효능감) 좀 올리고 싶어서 일을 하려고요."

　　　　"(웃으며) 신랑이 자기가 주는 월급으로 직원 부리듯이 해요, 진짜."

언니 : "남편이 주는 돈으로 애 둘을 키우는데 그걸로 되는 줄 착각해요.

　　　　내가 벌어서 좀 더 쓰고 싶어서 일을 해야 할 것 같아요."

전업주부들이 왜 일을 하려고 하는지 두 사람의 말 속에 정답이 있다.

"직업상담의 꽃, 직업선호도 검사"

"엄마, 학교에서 검사한 건데 설명 좀 해줘. 직업상담사시니까 이 정도는 아시겠죠? 설명 제대로 안 해주면 극대노할 거야!"

"담임선생님께서 나눠주시면서 설명 안 해주셨니?"

"어, 엄청 비싼 검사라는 얘기만 세 번 하셨어."

"아, 그래?"

살짝 미소가 지어졌지만 티내지 않고 검사결과지를 들여다봤다. 어라, EI형이네. 육각형도 크고. 우리 딸 이것저것 관심이 많구나.

여섯 가지 코드는 초딩 눈높이에 맞게 설명해 주었는데 대척점에 있는 EI를 어떻게 이해시킬까 잠시 고민했다.

"예전에는 직업들이 단순했지만 지금은, 그리고 앞으로는 점점 더 복잡하고 퓨전이 되겠지. 그러면 하나의 특성을 갖는 것이 아니라 양면성을 가진 직업도 있을 테고. 탐구형은 연구하기를 좋아하지만 이것이 사람들에게 어떤 영향력을 미치고 잘 팔릴 수 있는 제품이 될지도 생각하는 사람이면 더 좋지 않을까? 진취형은 목표 지향적이고 실행력이 강한데 이 제품이 어떻게 만들어지는지도 이해하는 사람이라면 금상첨화겠지? 너는 이 두 가지를 가지고 있으니 앞으로 4차 산업시대에 필요한 인재라는 얘기지."

말하면서 나의 애드리브에 놀랐다. 하지만 틀린 말도 아니니까. 딸아이가 고개를 끄덕이며 좋아한다. 그래, 좋으면 됐지.

그리스 철학자 헤라클레이토스는 "서로 다른 것들로부터 가장 훌륭한 조화가 나온다"라고 했다. 코발트블루와 크롬옐로를 사랑했던 고흐의 그림처럼.

기본적으로 인간은 '나는 어떤 사람인가' 하는 궁금증이 있기 때문에 이 검사에 대해서는 모두가 관심을 가진다. 각자 시기만 다를 뿐 자신에 대해 세밀히 관찰하고 깨닫는 때가 있는 것 같다. 요즘 젊은 층은 MBTI에도 관심이 많지 않은가.

직업선호도 검사를 통해 '맞아 맞아, 난 이런 걸 좋아해' 뿐만 아니라 '내가 이런 사람이기 때문에 이럴 수밖에 없구나' 하고 스스로를 이해하는 시간을 가질 수 있다.

예술형은 평생 언젠가 한 번은 그 물에 발을 담가야 직성이 풀리는 특징이 있다. 예술형들에게 이 얘기를 해주면 모두 고개를 끄덕인다. 그래서 나는 해보라고 한다. 안 하면 1년에 한 번씩 바람이 불 거니 되든 안 되든 뚜껑을 열어보라고 한다. 그래서 잘 되면 좋은 거고, 안 되도 미련이 없다. 이건 내 경험담이고 주변에서도 많이 봐왔기 때문에 확실하다.

직업상담사가 실제 현장에서 제일 많이 사용하는 검사가 직업선호도 검사 L형이다. 두 가지 모두 장점이 있다. 첫째, 검사비가 무료다. 둘째, 무료인데도 꽤 잘 설명해 준다. 하지만 그 검사를 제대로 해석할 수 있는 사람은 많지 않다. 그 이유는 시험 칠 때 교재에서 본 것이 처음이고 이후에도 깊게 들여다보지 않기 때문이다.

예를 들어보자. 나는 최근에 실시한 직업선호도 검사에서 ES형으로 나왔다. 시간이 흐르고 상황이 변하면 유형도 조금씩 바뀔 수 있다. 예전에 패션 관련 쪽에서 일했을 때 검사했다면 EA로 나왔을 텐데 이후 직업이 바뀌면서 S가 높아진 것이다.

검사결과지를 보면 친절하게 설명이 되어 있다. 기본 문해력이 있는 참여자라면 읽어보면 다 알 수 있는 내용이다. 그걸 그냥 '진취형은 이렇고 사회형은 저렇고'라고 읊어줄 것인가. 우리는 거기에 보이지 않는 행간을 읽고 해석을 해줘야 한다.

가끔 결과지표에 나와있는 특징을 그대로 적용해서 '당신은 이러이러합니다'라고 단정적으로 해석해 주는 경우를 본다. 조심해야 하는 부분이다. 그 표는 유형별로 전형적인 특징을 설명해 둔 것이므로 표준점수에서 70점 이상 나온 경우 해당하는 것이라 볼 수 있다. 보통 정도 점수대인데 그 유형으로 나왔다고 '너는 이런 성향이야'라고 말하는 것은 또 다른 고정관념을 심어 주는 것이다.

"아마 '난 이 정도는 아닌데' 하는 부분이 있을 겁니다. 이건 전형적인 유형에 대한 설명이라서 그래요. 본인과 맞는 것도 있고 아닌 것도 있을 거고, 당연한 거예요."

그러면서 어떤 부분이 특히 맞다고 생각하는지를 들으면서 풀어가면 참여자에 대한 이해도가 높아지고 나에 대한 신뢰도도 올라간다.

"급구! AI형을 찾습니다"

직업선호도 검사 결과를 볼 때는 먼저 코드가 얼마나 뚜렷한지를 살펴보고, 해석할 때도 좀 더 주의를 기울이는 습관을 들이도록 하자. 예를 들어 흥미코드가 ES일 때 원점수에 대한 해석도 하지만, 표준점수를 보면서 평균과 비교해 어느 정도로 E가 뚜렷한지를 살펴본다.

참고로 직업선호도 검사 결과를 볼 때 나만의 해석 방법이 있다. 높은 점수 1, 2등만 보는 것이 아니라 눈에 띄게 낮은 점수가 있다면 그 부분도 주의 깊게 보는 것이다. 낮은 코드는 그 코드가 가진 특성이 없거나 부족하다는 뜻이기 때문이다.

예를 들면 현실형 점수가 많이 낮은 사람은 기계치이거나 뭔가 만드는 것을 좋아하지 않을 수 있다. 탐구형 점수가 많이 낮은 사람은 공부나 깊이 생각하는 것과는 거리가 멀 수도 있다. 예술형 점수가 많이 낮은 사람은 감수성이나 정서가 다소 부족할 수 있다. 사회형 점수가 많이 낮은 사람은 사람과 부대끼는 일이 불편하거나 봉사하는 일에 관심이 없을 수 있다. 진취형 점수가 많이 낮은 사람은 외향성이나 설득력이 부족할 수 있고, 본인이 주도하거나 경쟁적인 상황을 즐기지 않는 경향이 있을 수 있다. 관습형 점수가 많이 낮은 사람은 성실성이 부족하거나 계획을 세워 실행하는 일을 다소 힘들어할 수 있다.

이런 식으로 부족한 점수로도 추가적인 해석이 가능해진다. 좋은 내용은 아니기에 필요하다면 참여자에게도 설명해 주지만 보통은 참여자를 이해하기 위한 나만의 참고 자료로만 쓴다.

BIG5 기반인 성격 검사를 통해 진취형과 관련된 외향성, 호감성, 경험에 대한 개방성의 인과관계를 보는 것도 유용하다. 실제 E형은 외향성과 경험에 대한 개방성이 높지만 호감성은 다소 낮은 경향을 보이는 편이다.

BIG5에서 다섯 개의 성향은 독립적이기 때문에 한 성향의 점수가 높거나 낮다고 해도 다른 네 개 성향과는 무관하다. 외향성이 높은 사람이 정서적으로 안정될 수도 있고 반대로 감정 기복이 심하고 불안이 높을 수도 있다. BIG5 검사는 자신이 스스로 평가한 결과와 다른 사람이 자신에 대해 평가한 결과도 대체로 잘 맞는 편이다.

이처럼 심리검사 하나만 하더라도 얼마나 전문적으로 해석하느냐에 따라 직업상담사의 역량을 가르는 중요한 포인트가 된다.

또 한 가지, 직업선호도 검사를 해석할 때 나는 홀랜드 박사가 만든 이론을 바탕으로 한다는 이야기로 상담을 시작한다.

"이 검사는 외국이론을 바탕으로 한 거예요. 홀랜드라고 하는 직업심리학 박사가 제2차 세계대전 때 모병관으로 참전했어요. 병사들과 얘기를 하면서 보직을 정했겠죠. '그럼, 너는 포 쏘고 너는 무전 치고' 이런 식으로요. 그 박사가 그렇게 진로이론에 관심을 갖기 시작한 거예요."

이렇게 먼저 설명을 한 뒤 상담을 시작하면 참여자 본인은 자신이 받은 검사가 어떤 이론을 근거로 했는지를 이해한 뒤 설명을 듣기 때문에 더 집중해서 듣는 효과를 가진다.

홀랜드는 직업선택은 개개인이 가진 성격의 표현이며 선택이라고 보았다. 특정 직업군에서 성공한 사람들을 모아 살펴보면 그들 대부분의 성격이 유사하고, 마찬가지로 그러한 성격을 가진 사람이라면 유사한 성격이 많은 직업을 선택했을 때 대체로 만족하거나 성공할 확률도 높다고 본 것이다.

과거에 직업 환경이 단순한 구조였을 때는 홀랜드와 스트롱 검사처럼 여섯 가지 결과 정도로도 성향 구분이 가능했다. 사회와 기술의 발달로 직업의 변화 속도가 빨라지고 직업 자체도 세분화되면서 지금의 다양한 직업을 설명하기에는 과거의 검사만으로는 한계점도 분명 존재하지만 그럼에도 여전히 사람의 성향을 이해하기에 쉽고 명확한 검사로 범용되고 있다.

또 다른 예를 들어보자. 일반적으로 대충 여섯 가지의 유형 코드만 보고 "당신은 AS형이네요" 혹은 "SA형이네요", "사람들이랑 어울리는 직업이 잘 맞겠네요"라고 해석한다.

하지만 제대로 된 검사 해석을 한다면 S형 중 외향성과 호감성이 높다면 매우 뚜렷한 S형이라고 볼 수 있는 것이고, 생활사 검사까지 고려하여 해석한다면 연결고리가 더욱 풍부해질 것이다.

⊕PLUS
직업선호도 검사 전
참여자 파악하기

직업선호도 검사를 진행하는 것을 보며, 1차로 참여자를 가늠해 볼 수 있다.

나는 초기상담을 마치고 난 뒤 참여자에게 귀가하면 바로 직업선호도 검사를 해보라고 하는데 정말 그날 바로 검사를 하는 참여자가 있다. 늦어도 2~3일 안에 하면 안심이다.

물론 내가 챙기지만 다음 상담일이 다가오는데도 검사를 하지 않는 사람이 있다면 그때는 감안해야 한다. 이것으로 이후 나와의 커뮤니케이션이 얼마나 원활할지, 그리고 이행사항을 제때 할지 여부도 대략 알 수 있다.

검사 자체를 제대로 진행하지 못한다면 컴퓨터 다루는 능력이 조금 부족하다고 판단해도 된다.

그럼 이제 좀 더 들어가 보자. 직업선호도 검사는 점수가 높은 두 개의 코드를 뽑는데 그러면 조합은 몇 개가 될까? 그렇다. 총 30개의 코드가 나온다. 여기서 문제!

'CS형과 SC형은 직업이 같을까? 다를까?'

나의 호기심은 여기서 시작되었다. 같은 듯 같지 않은, 같은 것 같은 직업선호도 검사 유형별 직업이 궁금해졌다. 결과를 한꺼번에 정리한 내용은 아직 어디에서도 찾지 못했다. 그래서 유형이 나올 때마다 하나씩 모아 정리했다.

 TIP
직업선호도 검사 유형별 직업 모음

CE

감정평가사, 건축감리 기술자, 건축안전, 환경 및 품질 기술자, 경영기획 사무원, 경영지도 및 진단 전문가, 금융관련 사무원, 레스토랑 지배인, 마케팅 및 여론조사 전문가, 무역사무원, 변리사, 생산 및 품질관리 사무원, 석유화학공학 기술자, 세무사, 손해사정인, 스포츠마케터, 위험물 취급원, 의무기록사, 자산 운용가, 증권 및 외환딜러, 총무 및 인사관리자, 총무 사무원, 측량사, 투자 및 신용 분석가, 회계사.

CR

가구조립원, 건설견적원(적산원), 검찰수사관, 경기심판 및 경기기록원, 경리 사무원, 경비원·무인 경비원·보안 관련 종사원, 고무제품 제조 관리자, 고무제품 제조감독, 광원, 채석원 및 석재 절단원, 대형트럭·소형트럭·특수차 운전원, 도로·수상·철도·항공 우편물운송 사무원, 도시계획 및 설계가, 버스 운전원, 병무행정 사무원, 보석감정사, 보험심사원 및 사무원, 사서 및 기록물관리사, 산업안전 및 위험 관리원, 선박갑판원, 섬유관련 등급원 및 검사원, 소방공학 기술자, 식품 및 담배 등급원, 영양사, 운송관련 관리자, 운송장비 조립원, 일반기계 조립 및 검사원(자동차, 항공기, 선박 제외), 임상병리사, 자동조립라인 및 산업용로봇 조작원, 자재관리 사무원, 전기안전 기술자, 전산자료 입력원 및 사무보조원, 철도 및 전동차 기관사, 출납창구 사무원, 출판 및 자료 편집 사무원, 측량 및 지리정보 전문가, 토목감리 기술자, 통신장비 기사, 항공교통 관제사, 행정공무원, 회계 사무원.

CA

공예원, 귀금속 및 보석 세공원, 비누 및 화장품화학공학 기술자, 소품관리원, 영상, 녹화 및 편집기사, 웨딩플래너, 음반기획자, 음·식료품 감정사, 제화원, 캐드원, 큐레이터, 통역사, 패턴사.

CS

검표원, 경리사무원, 경비원, 경영컨설턴트, 관세사, 교육행정 사무원, 금융관련 사무원, 기록물 관리사, 법무사, 변리사, 보육교사 및 보육사, 생산관리 사무원, 선물 중개인, 세무사, 손해사정인, 시설 및 견학 안내원, 신용추심원, 안내 및 접수 사무원, 여행 사무원, 인사 및 노무 사무원, 인사 및 노사 관련 전문가, 일반 비서, 관리 비서, 주택관리사, 직업상담 및 경력 상담원, 청소년지도사, 총무 및 인사관리자, 총무 사무원, 출납창구 사무원, 텔레마케터(전화통신 판매원), 통계 및 설문조사원, 통계 사무원, 통역가, 호텔 및 콘도 접객원, 회계사.

CI

감정평가사, 보험계리사, 섬유공학 기술자, 섬유화학공학 기술자, 수학 및 통계 연구원, 식품 및 담배 등급원, 의무기록사, 조사전문가, 천문 및 기상학 연구원, 투자 분석가(애널리스트).

가구디자이너, 게임그래픽 디자이너, 공예원, 귀금속 및 보석세공원, 네일아티스트, 떡 제조원, 마술사, 메이크업 아티스트 및 분장사, 모피 및 가죽의복 제조원, 무대 및 세트디자이너, 무용가 및 안무가, 대중 무용수, 바텐더, 배우 및 모델, 사진작가 및 사진사, 시각디자이너, 연극·영화 및 방송기술 감독, 예능강사, 웹 및 멀티미디어 디자이너, 웹방송 전문가, 음향 및 녹음기사, 의복·가죽 및 모피 수선원, 이용사, 미용사, 인테리어 디자이너, 자동차 디자이너, 재단사·패턴사, 전통건물 건축원, 제품 디자이너, 제화원, 조경원, 조리사, 주얼리 디자이너, 촬영기사, 플로리스트, 한복 제조원, 화가 및 조각가.

가수, 개그맨 및 코미디언, 공예원, 기자, 기타 미용 관련 서비스 종사원, 레크리에이션 강사, 리포터, 방송연출가, 방송작가, 성우, 스턴트맨, 아나운서, 연극배우, 연극연출가, 연주가, 영화배우 및 탤런트, 웨이터 및 웨이트리스, 음악 교사, 미술 교사, 체육 교사, 인테리어 디자이너, 제품 디자이너, 조주사, 캐드원, 패션디자이너, 행사 기획자, 홍보도우미 및 판촉원.

가수 및 성악가, 감독 및 기술감독, 공연제작 관리자, 공예원, 광고 및 홍보전문가, 광고제작감독(CF감독), 국악 및 전통예능인, 기자 및 논설위원, 대중무용수(백댄서), 레크리에이션 강사, 멀티미디어 기획자(웹기획자 포함), 문화, 예술, 디자인 및 영상 관련 관리자, 방송연출가, 방송제작 관리자, 배우 및 모델, 아나운서, 안무가, 연극연출가, 영화제작자, 음반기획자, 인테리어 디자이너, 지휘자·작곡가 및 연주가, 출판물 기획자, 행사 기획자, 홍보 도우미 및 판촉원, 화가 및 조각가.

AC

건축캐드원, 공예원, 광고디자이너, 소품 관리원, 시각디자이너, 영상녹화 및 편집기사, 음반기획자, 재단사·패턴사, 제화원, 출판 빛 자료 편집 사무원, 캐드원, 캐릭터 디자이너, 한복 제조원.

AI

아직 나오지 않음

RA

간판 제작 및 설치원, 건축목공, 건축설계 기술자, 귀금속 및 보석세공원, 금형원, 네일 아티스트, 떡 제조원, 사진작가, 악기수리원 및 조율사, 양식 조리사, 일식 조리사, 중식 조리사, 한식 조리사, 연극영화 및 방송기술 감독, 영상, 녹화 및 편집기사, 예능강사, 운동선수, 스포츠 강사, 음향 및 녹음기사, 의복, 가죽 및 모피 수선원, 모피 및 가죽의복 제조원, 전통건물 건축원, 제빵원 및 제과원, 제화원, 조경 기술자, 조경원, 원예사, 촬영기사, 치과기공사, 판금원, 패턴사, 한복 제조원.

RS

PC 및 사무기기 설치·수리원, 가구조립 및 검사원, 가전제품 설치 및 수리원, 간병인, 건설 및 광업기계 설치·정비원, 경찰관, 곡식작물 재배자, 채소 및 특용작물 재배원, 과수작물 재배원, 원예작물 재배원, 골프장 캐디, 교육학 연구원, 낙농업 관련 종사원, 가축 사육 종사원, 도로운송 사무원, 방사선사, 방송송출장비 기사, 법률관련 사무원, 법무 및 특허 사무원, 보건교사, 보일러 설치 및 정비원, 사무기기 설치 및 수리원, 세탁원, 소방관, 수의사, 스포츠트레이너, 안경사, 애완동물 미용사, 양식원, 여행 안내원, 열차객실 승무원, 영상 및 관련장비 설치 및 수리원, 영양사, 외과의사, 응급구조사, 인명구조원, 인쇄기 조작원, 장학사, 전기안전관리 기술자, 조림·영림 및 벌목원, 직업능력개발훈련 교사, 철도설치 및 보수원, 치과위생사, 택배원, 택시 운전원, 통신 및 관련 장비 설치 수리원, 통신·방송 및 인터넷케이블 설치·수리원, 피부미용 및 체형 관리사, 헬리콥터 조종사

RE

건설 및 광업기계 설치 및 정비원, 건축시공기술자, 경기감독 및 코치, 금융관리자, 기술영업원, 네트워크관리자, 데이터베이스 개발자, 도선사, 보일러 설치 및 정비원, 사회학 연구원, 사회복지학 연구원, 정치학 연구원, 행정학 연구원, 경영학 연구원, 언론학 연구원, 경제학 연구원, 생산관리 사무원, 선장 및 항해사, 소방공학 기술자, 스포츠 강사, 웹엔지니어, 인쇄기 조작원, 장학사, 철도기관차 및 전동차 정비원, 측량 및 지리정보 기술자, 토목감리 기술자, 항공기 조종사, 헬리콥터 조종사.

RC

가구조립 및 검사원, 건설 및 광업기계설치·정비원, 건설 및 채굴기계 운전원, 건설자재 시험원, 건축목공, 건축석공, 건축시공 기술자, 계기검침원 및 가스점검원, 고무 및 플라스틱제품 조립원, 공구제조원, 광원·채석원 및 석재 절단

원, 금속가공 관련제어장치 조작원, 금형원, 냉동·냉장·공조기 설치 및 정비원, 대형트럭 운전원, 특수차 운전원, 목재가공 관련 조작원, 물류관리 전문가, 미장공, 방수공, 단열공, 도배공, 배관공, 건물도장공, 비금속광물가공관련 조작원, 선박 갑판원, 선박 기관사, 선박 기관원, 선박 정비원, 섬유제조기계 조작원, 세탁원, 용접원, 운송 사무원, 유리 부착원, 유리제조 및 가공기 조작원, 음료제조 관련기계 조작원, 인쇄기 조작원, 자동조립라인 및 산업용로봇 조작원, 전기 및 전자설비 조작원, 전기·전사 제품 및 부품 조립·검사원, 전기계측제어 기술자, 전기안전 기술자, 조명기사 및 영사 기사, 주차관리원 및 안내원, 철도 및 전동차 기관사, 철도설치 및 보수원, 측량 및 지리정보 기술자, 치과기공사·의지보조기 기사, 택배원, 토목공학 기술자, 통신장비 기사, 펄프 및 종이 제조장치 조작원, 플라스틱 제품 생산기 조작원, 항공교통 관제사, 항공기 조종사, 항공기 정비원, 화학공학 기술자 및 연구원, 화학물 가공장치 조작원.

RI

아직 나오지 않음

SR

간병인, 간호사, 결혼상담원, 경기감독 및 코치, 경찰관, 골프장 캐디, 동물사육사, 물리치료사, 방사선사, 보건교사, 보험사무원, 사서, 상점 판매원, 생산관리 사무원, 소방관, 수의사, 스포츠 강사, 레크리에이션 강사, 약사, 한약사, 여행 및 관광통역 안내원, 열차객실 승무원, 웨이터 및 웨이트리스, 유치원 교사, 응급구조사, 의료장비기사, 직업능력개발훈련 교사, 체육 교사, 치과위생사, 치과의사, 컴퓨터 강사, 택시 운전원, 항공기객실 승무원, 해양경찰관, 회

156

계 사무원.

간호조무사, 경영컨설턴트, 계산원 및 매표원, 고객상담 및 모니터요원, 관세사, 금융관련 사무원, 사업자금대출원, 노무사, 보육교사 및 보육사, 비서, 사무보조원, 사서, 사회복지 관련 종사원, 상점판매원, 손해사정인, 수학 교사, 숙박시설 서비스원, 안내·접수 사무원 및 전화 교환원, 약사 및 한약사, 외국어 교사, 육아 도우미(베이비시터), 주택관리사, 직업상담사 및 취업알선원, 청소년지도사, 텔레마케터(전화통신 판매원), 통계 및 설문조사원, 통역가.

건축자재 영업원(인테리어 영업원 포함), 결혼상담원 및 웨딩플래너·혼례종사원, 경기심판 및 경기기록원, 경영지도 및 진단 전문가, 경찰관, 기타 사회복지 관련 종사원, 기타 스포츠 및 레크리에이션 관련 전문가(프로게이머 등), 변호사, 병원 코디네이터, 보험대리인 및 중개인, 보험영업원 및 간접투자증권 판매인, 부동산컨설턴트(공인중개사), 사회단체 활동가, 사회복지사, 상점판매원, 상품기획 전문가, 상품중개인 및 경매사, 성직자, 기타 종교 관련 종사자, 소년보호관 및 교도관, 손해사정인, 숙박 관련 관리자, 스포츠마케터, 식품영업원, 여행상품 개발자, 의회의원, 고위공무원 및 공공단체 임원, 인사 및 노사관련 전문가, 인사, 교육·훈련 사무원, 자동차 영업원(딜러 포함), 장례상담원 및 장례지도사, 텔레마케터(전화통신 판매원), 직업능력개발훈련 교사, 직업상담 및 경력상담원, 초등학교 교사, 특수교육 교사, 항공기객실 승무원, 행사, 이벤트 및 전시 기획전문가.

SA

감독 및 기술감독, 개그맨 및 코미디언, 국어 교사, 리포터, 문리학원 강사, 바텐더(조주사), 방송작가 및 스크립터, 보육교사 및 보육사, 스턴트맨(대역배우), 애완동물 미용사, 영화배우 및 탤런트, 예능강사, 외국어 교사, 웨이터 및 웨이트리스, 유치원 교사, 음악 교사, 미술 교사, 체육 교사, 청소년 지도사.

SI

아직 나오지 않음

IA

가구 디자이너, 게임그래픽 디자이너, 게임 기획자, 광고 디자이너, 교재 및 교구 개발자, 마술사, 만화가, 모피 및 가죽의복 제조원, 무대 및 세트 디자이너, 무용가, 문화재감정평가사, 문화재보존원, 박물관장, 소설가, 시각디자이너, 시인, 안무가, 애니메이션 기획자, 애니메이터, 영화시나리오 작가, 방송작가, 영화제작자, 예체능계열 교수, 웹디자이너, 웹방송전문가, 자동차 디자이너, 출판물 기획자, 카피라이터, 캐릭터 디자이너, 평론가, 플로리스트.

IC

공학계열 교수, 과학 교사, 번역가, 비파괴 검사원, 산업안전원, 석유화학공학 기술자, 섬유공학 기술자, 수산학 연구원, 수학 및 통계 연구원, 식품학 연구원, 자동차공학 기술자, 천문 및 기상학 연구원, 컴퓨터 프로그래머, 토목공학 기술자, 투자 분석가(애널리스트), 해양공학기술자.

간판제작 및 설치원, 건설기계공학 기술자, 건축공학 기술자, 건축구조 기술자, 게임프로그래머, 경제학 연구원, 고무 및 플라스틱화학공학 기술자, 공학계열 교수, 교통계획 및 설계가, 금속공학 기술자, 기계공학 기술자, 네트워크엔지니어, 네트워크관리자, 대학교수, 전문 의사, 데이터베이스 개발자, 도료 및 농약품화학공학 기술자, 도시 및 교통설계 전문가, 메카트로닉스공학 기술자, 반도체공학 기술자, 비누 및 화장품화학공학 기술자, 사회과학 연구원, 생명과학 시험원, 소방공학 기술자 및 연구원, 시스템소프트웨어 개발자, 약학연구원, 에너지공학 기술자, 웹 개발자, 웹프로그래머, 응용소프트웨어 개발자, 의료장비 기사, 인문과학 연구원, 인터넷 판매원, 온라인쇼핑몰 판매원, 자동차공학 기술자, 자동차 정비원, 자연계열 교수, 자연과학 연구원·자연과학시험원, 전자제품개발 기술자, 컴퓨터 프로그래머, 통신 및 관련장비 설치·수리원, 통신공학 기술자, 해양공학기술자, 환경공학기술자.

가정의학과 의사, 과학 교사, 교육계열 교수, 교육학 연구원, 내과의사, 노무사, 미술치료사, 법무사, 사회계열 교수, 사회과학 연구원, 상담 전문가, 외국어 교사, 외국어학원 강사, 의약계열 교수, 인문계열 교수, 인적자원 전문가, 임상심리사, 정신과의사, 직업상담사, 품질관리사무원, 한의사.

아직 나오지 않음

ER

건축시공 기술자, 건축자재 영업원(인테리어 영업원 포함), 경기감독 및 코치, 금융관리자, 도선사, 산업안전원, 산업안전 및 위험관리원, 스포츠마케터, 상품기획 전문가, 연예인 및 스포츠 매니저, 영업 및 판매관리자, 재무관리자, 해외영업원, 행사기획자.

ES

건축자재 영업원(인테리어 영업원 포함), 경기심판, 경찰관, 금융 및 보험관련 전문가, 기술 및 기능계 강사, 레크리에이션 강사, 변호사, 병원 코디네이터, 보험대리인 및 중개인, 부동산 컨설턴트(공인중개사), 상품중개인 및 경매사, 소년보호관 및 교도관, 숙박관련 관리자, 식품 영업원, 신문기자, 아나운서 및 리포터, 여행상품 개발자, 연예인 및 스포츠 매니저, 영업 및 판매 관련 관리자, 음식서비스 관련 관리자, 의회의원·고위공무원 및 공공단체 임원, 인쇄 및 광고 영업원, 자동차 영업원, 장학관 및 연구관, 정부 및 공공행정 전문가, 제약영업원, 증권중개인(증권딜러), 직업상담 및 경력상담원, 청원경찰·경호원, 총무 및 인사관리자, 환경·청소 및 경비 관련 관리자, 회의기획자, 행사, 이벤트 및 전시기획 전문가.

EA

경기감독 및 코치, 무용가 및 안무가, 문화·예술·디자인 및 영상 관련 관리자, 상품기획 전문가, 쇼핑호스트, 연예인 및 스포츠 매니저, 웹기획자, 인테리어 디자인 및 시공 기술자(의장 포함), 학예사(큐레이터), 행사, 이벤트 및 전시기획 전문가, 홍보 및 광고 전문가.

EC

감정평가사, 경영 및 진단 전문가, 금융자산운용가, 기획 및 마케팅 사무원, 무역사무원, 변리사, 보험 및 금융상품개발자(보험계리사 포함), 사회과학 연구원, 산업안전 및 위험물 관리원(산업위생관리기사 포함), 송·배전설비 기술자, 스포츠마케터, 상품기획 전문가, 시장 및 여론조사 관리자, 음식서비스 관련 관리자, 증권중개인, 투자 및 신용 분석가, 판사 및 검사, 회계사.

EI

IT컨설턴트, 검사(법률), 경영 및 진단전문가, 마케팅 및 상품기획 사무원, 마케팅 및 여론조사 전문가, 발전설비 기술자, 사회과학 연구원, 산업공학 기술자 및 연구원, 응용 소프트웨어 개발자(응용 프로그래머), 인사 및 노사 관련 전문가, 자산운용가, 재료공학 기술자(엔지니어) 및 연구원, 전기계측제어 기술자, 전자부품개발 및 설계 기술자, 전자제어계측 기술자 및 연구원, 정보시스템 운영자, 정부 및 공공행정 전문가, 지리정보시스템 분석가·사진측량 및 분석가, 컴퓨터시스템 및 네트워크 보안전문가, 프로게이머 등 기타 스포츠 및 레크리에이션 관련 전문가, 홍보 및 광고 전문가.

※ AI, RI, SI, IE 4개의 결과는 아직 나오지 않았다. 100명 가까이 검사한 결과에서 아직 나오지 않았다는 것은 앞으로도 나올 가능성이 희박하다는 뜻이다.
혹시 이 4개 코드의 공통점이 보이는가? 모두 탐구형과의 조합이다. EI, CI도 없을 것 같았으나 극적으로(?) 1명씩 나왔다. 혼자 깊이 몰입하는 탐구형의 특성상 두 번째 코드로의 조합은 현실적으로 흔하지 않다.

"이력서, 자소서 써본 적 없는데요"

"월요일 오전 11시가 원서 마감인데요. 자소서 좀 봐주세요."

금요일 퇴근하고 카톡이 온다. 쌤이라고 호칭을 해주면 그나마 약간 기분이 좋은 상태에서 해주게 된다.

사실 좀 귀찮고 머리가 아프다. 우아하게 사무실에 앉아서 이력서, 자소서 봐줄 시간적 여유와 마음 상태가 아니다. 집에 들고 와서 저녁 먹고 시작한다. 소파에 기대어 프린트한 종이를 펼쳐 본다. 빨강 펜으로 하면 상처받을까 봐 연필로 한다.

사진 보내주고 통화로 설명해 주면 "아, 아~ 네!" 이러면 됐다 싶다. 이해하고 수정하겠다고 하면 이제 내가 더 고마운 마음이 든다. 그리고 정말 합격하길 기원하게 된다.

국민취업지원제도. 매뉴얼에 입각한 매우 구조화된 이 제도하에서 직업상담사의 전문성을 나타내기란 쉽지 않다.

신입 상담사와 경력 상담사의 차이가 드러나는 경우는, 아니

경력상담사라고 해서 다 역량이 높은 건 아니므로 상담사의 전문성이 나타나는 경우라고 하는 것이 정확한 표현일 것이다. 아무튼 세 가지라 볼 수 있는데 이는 다음과 같다.

- 참여자가 고학력자일 때
- 참여자의 진로 결정에 어느 정도 개입해야 하는 경우
- 행정적으로 복잡한 상황

위의 경우가 아니라면 참여자 입장에서는 직업상담사에게 전문성을 느낄 수 있는 접점이 없다. 말 그대로 수당 챙겨주는 사람이 되는 것이다.

전문성을 '느끼게' 해주는 것이 왜 중요할까?

내 말에 힘이 실리고 상담 전반에 설득력이 생기기 때문에 이 부분은 사실상 아주 중요하다. 그럼 어떻게?

가장 빠르게 전문성을 입증할 수 있는 것이 자기소개서 클리닉이다. 그래서 특히 신입 상담사의 경우는 입사지원서 클리닉에 투자를 많이 해야 한다. 비용 투자보다 시간 투자 말이다. 시간이 흘러 경력직이 된다고 저절로 클리닉 수준이 올라가는 게 아니기 때문에 입직 전 또는 입직과 동시에 공부를 따로 해야 한다.

나는 면접에 합격한 후 채용결과를 받은 날부터 한 달 동안 도서관에 가서 자기소개서와 면접 관련 책들을 있는 대로 빌렸다.

그렇게 열 권 가까이 보고 나니 '이만하면 됐다' 싶었다.

기본 이력서와 자소서 클리닉 관련 내용들은 책 몇 권만 읽으면 공통적으로 말하는 내용들이 보인다. 기업·직무 관련 내용인지라 아무래도 까다롭고 어렵다고 느낄 수도 있지만 그런 부분은 틈틈이 보면 된다.

물론 대학 쪽에서 상담하는 경우라면 그러한 부분이 더 중요하고 필수겠지만 국민취업지원제도에서는 우선 기본적인 지식을 장착하고 난 뒤 참여자에 따라 자신이 가진 내공을 보여주면 된다. 그러기 위해서는 평소 뉴스나 관련 정보를 찾아보며 꾸준히 감을 유지하는 일이 중요하다.

자기소개서와 면접 클리닉 책은 어떤 것을 사야 할지 모르겠다면 우선 관련 분야의 베스트셀러 목록을 살펴보자. 사람들이 많이 보는 책과 그런 책들의 목차를 살펴보면 왜 사람들이 그 책을 많이 찾고, 왜 베스트셀러인지를 알 수 있게 될 것이다.

여기서 클리닉 관련 책들을 소개하면 나의 주관적인 평가가 들어갈 수 있으므로 생략한다. 대신 뒤에서 직무 관련 취업정보 등의 도움이 되는 사이트를 소개하니 참고하면 좋겠다.

●● 직무가 뭐길래

이력서, 자기소개서 클리닉을 진행하면서 느낀 점은 하나다.

생각한 것 이상으로 생각을 안 한다는 것이다. 특히 직무 관련해서는 정확하게 이해하고 있는 참여자를 손에 꼽을 정도다. 왜 그럴까?

너도나도 결과가 눈에 보이는 토익은 열심히 한다. 직무 관련 부분보다는 상대적으로 준비하기 편해서일까? 본인이 뭘 하고 싶은지에 대한 깊은 고민이 없다는 것이다.

그 이유에는 정말 그 일을 하고 싶다는 열망이 크지 않기 때문이라고도 볼 수 있다. 미치도록 그 일이 하고 싶다면 좀 더 고민의 깊이가 깊어지지 않을까. 그냥 여기저기 찔러보자는 식이라면 절대 좋은 자소서는 나오지 않는다.

자신에 대한 이해도 마찬가지다. 사실 직무보다 그게 더 어려운 것일 수 있다. 내가 나에 대해 분석한다는 것. 다행히(?) 자소서는 나에 대한 형이상학적이거나 실체 없는 그 무언가 또는 나만의 주관적인 주장을 펼치는 것이 아니라 내가 한 경험을 쓰면서 장점과 역량을 보여주는 것으로 충분하다.

이력서와 자소서 클리닉 다음으로 직업상담의 전문성을 기르기 위해서는 참여자가 원하는, 맞는 직업을 연결하기 위해 직업의 종류와 채용 관련 정보 등의 공부가 중요하다. 어떤 산업이 하향세인지, 어떤 직업이 유망한지, 또 어떤 직무가 정년까지 지속가능한지 등 말이다.

직업과 채용에 관한 공부는 어떻게 해두어야 할까? 그 분야는

TIP —————————————————————————————
직무 관련 취업정보 등 유용한 인터넷 사이트

- 네이버카페(취업대학교, 공준모, 공취사 등)
- 리드미 : leadme.today
- 링커리어 : linkareer.com
- NCS : ncs.go.kr/index.do
- 잇다 : itdaa.net
- 잡플래닛 : jobplanet.co.kr/contents
- 커리어 : career.co.kr
- 코멘토 : comento.kr

그 외 관련 서적, 유튜브, 요즘은 브런치에도 정보들이 있다. 기업에서 운영하는 블로그도 들어가면 도움이 된다. 정보가 너무 많은 것이 부담일 정도다. 찾으면 다 있다.

미래학자들도 서로 다른 의견을 내놓고 있는 시점이지만 우리는 계속 공부하고 관련 소식을 업데이트해 두고 있어야 한다.

특히 최근에는 코로나19로 인해 채용시장이 더욱 얼어붙어 경력 없는 신입은 아예 채용도 하지 않는 경우가 있다. 그런 기업들이 그나마 수시채용으로 전환해 계약직이나 인턴형으로 직원을 채용하는 상황에서 참여자에게 이런 조건의 채용을 추천해야 할지도 고민해야 할 부분이다.

⁶⁶ 상담사에서 '선생님'으로 ⁹⁹

국민취업지원제도의 시행으로 직업상담사의 채용을 확대해 자격증만 있다면 누구나 업무를 시작할 수 있는 환경이 되어 직업상담사의 입직이 쉬워졌다.

이 제도 안에서 일하는 직업상담사에게 필요한 역량은 기본적인 컴퓨터 사용 능력, 참여자와의 공감 능력, 채용정보 제공을 위한 정보 탐색 능력, 그리고 입사지원서 클리닉 능력이다.

직업상담을 받는 참여자들은 자신이 만난 직업상담사를 아마도 이러한 기준으로 평가할 것이다.

"이 사람이 나에게 도움이 되는가, 아닌가."

특히 이런 평가는 이력서와 자기소개서 첨삭 전후로 달라지게 되는데 나를 대하는 태도도 달라진다. 호칭도 상담사에서 '선생님'으로 바뀐다.

●● 이력서와 자기소개서 클리닉

기본적인 이력서와 자기소개서 클리닉 방법은 여러 책과 사이트에 자세히 설명되어 있으므로 여기서는 생략한다. 대신 실전에서 벌어지는, 주의해야 할 점들 위주로 소개하려 한다.

이력서와 자기소개서를 써 본 적이 없는 참여자라면 해당 양식을 참여자에게 보내주는 것이 좋다.

내가 보내준 양식에 참여자가 이력서와 자기소개서를 작성해 다시 보내올 때 파일명을 한번 보라. 예를 들면 '홍길동_이력서 자소서'라고 고쳐서 보내오는 사람이 있고, 내가 보내준 '이력서 자소서_양식'이라는 파일명 그대로 보내는 사람들이 의외로 많다.

다운 받으면서 내가 일일이 고친다. 이런 잔잔한 업무가 쌓이면 말 그대로 '잔일'이 된다. 그리고 이걸 보면 참여자의 기본적인 업무 센스를 판단할 수 있다. 그뿐만 아니라 나와의 의사소통이나 태도, 행동, 마음가짐을 보면 구직을 준비할 때, 취업을 할 때, 취직 후 어떻게 일할지 미리 알 수 있는 바로미터가 된다.

또 하나는 자기소개서를 쓸 때 의외로 많이 하는 큰 실수 중 하나가 회사명을 틀리게 쓰는 것이다. 이때 참여자들은 그냥 지나치더라도 직업상담사는 바로잡아 내야 한다.

특히 여기저기 많은 회사에 알선을 하다 보면 정신이 없어서 회사 이름이 틀린 것도 모른 채 지원하는 경우를 주변에서 가끔

보았기 때문에 하는 말이다.

그 지원서를 받은 회사에서는 뭐라고 생각하겠는가. 부끄러운 일이다. 다른 건 몰라도 회사명은 꼭 정확히 쓰도록 챙기자.

●● 면접 클리닉

"상담사님, 혹시 통화 가능하신가요?"

C에게서 카톡이 왔다. 구직촉진수당 5회 차를 앞두고 있는 참여자인데 무슨 일일까.

지원했던 회사에서 오늘 면접을 볼 수 있는지 연락을 해왔다는데 미처 마음의 준비가 되어 있지 않아 월요일로 일정을 미뤄 두었단다. 기대했던 순간이었지만 막상 면접을 보러 오라고 하니 입고 갈 옷도 그렇고 어떻게 면접을 준비해야 할지 모르겠던 차에 나에게 SOS 신호를 보낸 것이다. 수화기 너머로 절박한 마음도 함께 전해져 왔다.

나는 C를 초기상담 때부터 성실하고 순수한 청년이라고 생각하고 있었다. 특히 직업선호도 검사를 해석할 때는 어찌나 열심히 듣고 감탄을 하던지, 그런 기억이 떠올라 면접을 앞두고 있던 그에게 나 역시 평소보다 더 많은 이야기를 해주었다.

본인 스스로를 사회초년생이라 표현할 정도였기에 나는 그에게 면접을 앞두고 오늘부터 미리 준비해야 하는 것은 물론 면접을 보는 날 문을 열고 들어가 처음 인사하는 법부터 면접을 마치고 문을 닫고 나올 때까지, 그러니까 아주 기본적인 것부터 심화 스킬까지 면접과 관련된 모든 정보를 알려줬다. 아, 다르고 어, 다른 만큼 같은 말도 어떻게 표현해야 하는지 구체적인 멘트까지 언급해 설명해 줬다.

평소 매너 없고 불성실한 참여자였다면 속으로 '이런 것도 모르나' 생각했을 수도 있겠지만 C에게는 '내 설명을 어떻게 하면 잘 전달할 수 있을까' 그 생각에만 집중했다.

"아, 네. 무슨 말씀이신지 알겠어요. 감사합니다."

이런 성실한 참여자라면 주말이나 밤이나 통화할 수 있다. 나는 C에게 주말이라도 혹시 더 궁금한 점이 생기면 연락하라는 말도 덧붙였다.

알선취업이 아니기에 상담사 개인 실적으로 직결되진 않지만 나는 C가 면접을 잘 봐서 합격하는 것이 내 실적보다 더 좋다.

직업상담사라면 최소한 다음에 나오는 면접 관련 팁 세 가지를 중심으로 구직자에게 정확하게 전달하고 이해시켜야 한다. 직업상담사가 해야 할 면접 클리닉의 가장 기본이자 핵심이다.

면접관의 질문에 능수능란하게 요리조리 피해 무난하게 면접을 넘겼다고 해서 합격하는 것이 아니다. 말주변이 없다 해도 진정성 있는 답변을 해야 한다.

TIP
면접 클리닉

기업에서 면접을 보려는 목적

- 직무수행과 관련해 지원자 행동을 사전 관찰 가능
- 서류상 미비점과 의심되는 부분을 확인
- 면접관이 알고 싶은 심층적 정보를 파악
- 커뮤니케이션, 대인관계 행동 등 추가 정보 획득

기업에서 면접을 볼 때 확인하려는 점

- 회사나 직무에 대한 뚜렷한 관심을 가지고 있는지
- 업무를 익히고 수행하는 데 필요한 기본적인 자질을 갖추고 있는지
- 좋은 인성과 태도를 가지고 있는지
- 동료들과 잘 어울려 일할 수 있는지

면접의 평가 요소

- 직무 적합성
- 인성 적합성
- 장기근속 적합성

"알선취업,
끝날 때까지 끝난 게 아니다"

EPISODE 1

처음 동행면접을 진행한 참여자 A는 고등학교 졸업하고 특별한 경력이 없는 상태였다. 생산직을 하겠다고 해서 집에서 가까운 구인회사와 연결을 해줬다. 나로서는 입직하고 얼마 되지 않은 데다 첫 번째 알선취업이라 긴장도 했지만 설레고 기분 좋았다.

면접 날, 그 회사 부장은 '젊은 친구들이 며칠 못 가 그만두는 일이 다반사라 20대는 이제 안 뽑으려고 했는데 상담사님이 기회를 달라'고 해서 마지막으로 면접을 보는 거라 했다. 이번에도 그만두면 정말 젊은 층은 다시는 채용하지 않을 거라 했다. 몇 번이나 당했던 탓인지 꼭 작업현장을 보고 결정하라고 했다. A는 현장을 둘러보고 하겠다고 했다.

그런데 일주일 뒤, 그만두었다고 한다. 계속 서있으니 발이 너무 붓고, 기계 작동할 때 아주 세밀한 부분까지 봐야 하는데 시력이 안 좋아 잘 안 보인단다. 자기 때문에 불량이 나오면 회사에 폐를 끼칠까 봐 지금이라도 그만두는 게 나을 것 같다고 했다. 이미 회사에 폐는 끼친 것 같았다. 회사 대리가 내게 전화를 해서는 하소연을 한다.

"유니폼도 다 맞췄거든요. 다른 사람한테 사이즈도 안 맞는데. 아, 이래서 저희가 안 뽑는다 한 거거든요."

거의 울기 직전이다. 할 말이 없었다. 소개해 준 나도 같이 폐를 끼친 것 같다.

"그리고 요즘 지원은 엄청 하는데 전화하면 안 받고, 고용센터에서는 구인공고는 내면서 왜 채용 안 하냐고 하기도 해요. 저희도 답답해요, 진짜."

국민취업지원제도로 구직활동을 해야 하니 지원하는 숫자는 늘었을 것이다. 하지만 지원자 중에는 허수도 많은데 회사 입장에서는 가려낼 방법도 없다. 그래서인지 상반기가 좀 지나 채용공고 페이지에는 다음과 같은 문구가 심심찮게 보였다.

'꼭 일할 사람만 지원하세요.'

EPISODE 2

고등학교를 졸업한 참여자 B는 초기상담에서 IT 쪽으로 훈련을 듣겠다고 했다. 훈련을 알아보고 취업활동계획^{IAP} 수립까지 하고 개강을 기다리던 중 훈련을 안 받겠다고 했다. 나중에 최종 목표가 작사가가 되는 거라고 했다.

며칠 심사숙고한 것이라고는 했지만 적잖이 당황스러웠다. 작사가가 되더라도 그전까지 직장생활을 좀 하는 것이 좋지 않겠냐 했고 B도 동의했다. 일반사무로 직종을 정하여 컴활 교육을 들었다.

교육을 마친 후 적합한 회사를 찾아 알선을 했다. 이력서, 자소서보다 면접 클리닉을 더 열심히 해줬다. 멘트 하나하나부터 마인드 교육까지.

이 직무는 배워놓기만 하면 나중에 어디를 가서도 써먹을 수 있다, 최소한 1년 버티고 경력 쌓아 나중에는 가고 싶은 곳이 생기면 언제든 가라, 그리고 직장은 자고로 집과 가까운 곳이 최고다.

참고로 B의 집에서 그 회사까지는 도보로 15분이었다. 약간 부족함이 보이지만 꼭 뽑아달라고 기도했다.

결과는 합격이었다. 기뻤다. 아마도 비주얼도 꽤 점수를 받았을 것이다. 그리고 이건 나의 뇌피셜이지만 결정적으로 그 회사 대표와 이미지가 비슷했다. B는 지금도 잘 다니고 있다.

이렇게 동행면접은 이력서에만 의존하는 지원자의 채용 확률을 높여줄 수 있는 히든카드다. 그만큼 동행면접을 가는 상담사의 역량이 중요하다.

지원자를 추천하는 것에서 나아가 직접 회사에 같이 방문한다는 것만으로도 전체적인 신뢰도를 상승시키는 것이 동행면접이기 때문에 상담사도 복장이라든지 행동, 말투 등 이미지메이킹에 신경을 써야 한다.

또한 면접에 가기 전 지원자와 20~30분 정도 미리 만나 인사부터 예상 질문과 멘트까지, 지원자가 최상의 컨디션으로 면접에 임할 수 있도록 시뮬레이션해 주는 것이 필요하다.

DIARY

사금 채취하듯 어렵게 알선취업을 했는데 일주일 일하고 나온 참여자가 두 명째다.
현장도 미리 눈으로 다 보고, 면접에서 상호 간 파악해서 OK 해놓고는 회사와 참여자가 서로 딴 소리다.
수습하려면 그것도 일이다.
힘이 빠진다.

지원자를 취업시켜도 항상 노심초사다. 동료 상담사들의 사례만 봐도 채용 합격하고도 가지 않겠다고 하기도 하고, 출근한 다음 날 퇴사하는 일이 한두 건이 아니다.

취업한 참여자에게 전화라도 오면 일단 가슴부터 뛴다. 반가워서가 아니고 놀라서.

'무슨 일일까? 그만둔다고 하면 어떻게 하지? 이미 그만둔 거

아냐?'

온갖 생각이 다 든다.

근데 번호를 잘못 눌렀단다. 그래, 고마워. 그만둔다고 하지 않아서.

알선취업은 끝날 때까지 끝난 게 아니다.

⊕ PLUS
알선취업할 때 주의사항

알선취업을 진행할 때, 특히나 전산입력을 할 때 더 신경 써서 해야 한다. 주로 워크넷의 채용정보를 확인한 뒤 진행하게 되는데 구인회사 정보 확인, 구직자 지원의사 확인, 알선입력, 이력서 송부 등의 순서에 맞춰 정확한 탭에, 실수 없이, 해당 정보를 입력해야만 비로소 알선취업으로 인정받는다.

워크넷이 아닌 다른 채용 사이트 등 외부 정보를 통해 알선취업을 진행하게 될 때는 입력 방법 또한 달라지게 되므로 입력하기 전에 꼭 매뉴얼을 정확하게 확인한 뒤에 진행해야 억울한 일이 생기지 않게 된다.

또 하나! 구직자에게 채용정보를 전해주고 난 뒤 '생각해 보겠다'는 지원의사까지 확인했는데 구직자가 먼저 해당 회사에 덜컥 지원해 버리는 경우도 종종 발생한다. 만약 내가 알선입력을 하기 전 구직자가 먼저 그 회사에 지원하게 되면 나의 알선 상황이 전산상에 잡히지 않는다. 그래서 잘못하면 실컷 공들여 취업시켜 놓고도 실적으로 연결이 되지 않는 허망한 꼴을 당하게 된다.

취업만 하면 끝이 아니라 취업을 실적으로 연결해야 비로소 끝이다. 아무튼 주의!!!

J는 마음 씀씀이가 예쁜 참여자였다. 동행면접으로 회사까지 함께 갔는데 태워다주셔서 감사하다는 이야기를 세 번이나 했다.

"취업하면 맛있는 거 사드릴게요. 아, 안 돼도 사드릴게요."

이미 먹은 것 같다. 취업해 준다(?) 해서 고마운데 이런 말까지 하니 진심 감동이다.

고마운 마음에 좋은 얘기를 더 해주고 싶어 얘기가 길어진다. 어떻게 들으면 꼰대라떼 얘기일 수도 있는데 그래도 고개를 끄덕이며 잘 듣는다.

'감사한 걸 감사할 줄 아는 것이 결국 본인에게도 좋은 거다'라고 하니 부모님이 항상 그렇게 말씀하셨단다. 반듯하게 잘 큰 것 같다고 얘기해 주었다.

누나는 항공사 지상직 일을 하고 싶어 하다 코로나로 안 되니 시간만 보냈는데 아버지가 권유해서 지금은 공무원 준비를 한다고 했다. 대한민국엔 지금 이런 경우가 참 많을 것이다.

요즘 또래들 취업에 대해 어떻게 생각하냐 물으니 취업 카페에 가입해서 1년 정도 보고 있는데 다들 한다는 것만 좇아 하는 게 많은 것 같단다. 예를 들면 토익 공부. 사실 토익이 필요 없는 직무도 많은데 너도나도 토익 공부를 한다는 것이다.

또 남들이 "이 일이 돈 많이 번다더라" 하면 다들 그쪽으로 우르르 몰린다고도 했다.

그래도 '될 사람은 되더라' 하면서 자신의 사촌 동생 얘기를 들려준다. 그 동생은 어릴 때 외국에 가서 대학까지 졸업하고 한국에 왔단다. ○○을 목표로 직무를 바꿔가면서 1~2년을 지원했다나? 결국 입사해서 다니고 있단다.

이런저런 얘기를 하다가 맛집 추천까지 해주는 J. 우리 회사 근처에 그런 곳이 있는지 몰랐다. 꼭 가보시란다. 문득 내가 아주 일찍 결혼했으면 아들 나이뻘인 J가 그 회사에 조금 아깝다는 생각도 들었다.

다음 날 최종합격 연락을 받은 J는 출근 전에 한번 찾아뵙겠다 했고 테이크아웃 커피와 빵을 사 들고 진짜 왔다.

90년대생에게는 직업상담을 할 때는 특히 개인의 성장이나 사회 기여 등으로 연결해서 말해준다. 솔직히 나는 내 성장보다는 회사가 잘되는 것이 나도 좋고, 내 커리어를 신경 쓰기보다는 같이 일하는 사람들과의 관계에 더 영향을 받았다.

하지만 지금 젊은 층은 다르다. 그래서 나는 J에게 회사 대표님의 장점과 직장생활의 노하우를 잘 배워서 2년 열심히 잘 다니라고, 경력 쌓아 더 좋은 회사에 가라고 말해줬다.

J는 고맙다고 하면서 '저 빵 제가 진짜 좋아하는 빵이라 사왔어요'라고 한다. '이 말은 꼭 해야지' 하고 작정하고 온 것처럼.

언젠가 TV에서 선물을 줄 때 상대방이 가장 좋아하는 말 1위가 '이거 내가 써본 거야'라고 했다. J도 그 방송을 보고 한 말인지는 모르겠지만 그는 감사함을 표시할 줄 아는 좋은 사람임에 틀림없다.

헤어지면서 J는 온 김에 지금 그 맛집에 가볼 거라고 한다.

"혼자서요?"

"네, 혼자 와서 먹는 사람들 많아요."

그래, 90년대생은 혼밥도 잘한다. 90년대생이든 아니든 세상은 변하고 있다.

원래 사람은 갖지 못한 것에 집착하게 된다.

만족하지 못하게 되는 것이다.

이것을 끊어내는 방법은 '감사'하는 일이다.

감사할 상황과 감사할 사람을 무시하다 보면 감사할 대상이 없는 허무한 삶이 된다.

그리고 감사함으로 복을 받는 건 결국 나 자신이다.

감사함은 그냥 지나칠 행복을 찾게 만든다.

" 취업실적은 신의 영역?! "

'매출이 인격이다.'

패션업계 사람이면 다 아는 말이다. 지금은 어떤지 모르겠지만 명품업계는 여전할 듯 90년대 초 호황기에는 잡지에 '억대 연봉 숍 마스터' 기사도 실렸었다. 매출이 곧 실력이고 나의 몸값을 올려주고 인격까지 만들어주는 업계 분위기를 대놓고 표출하며 직원들 압박용으로도 효과적인 일종의 캐치프레이즈 같은 문장 이었다.

직업상담사도 마찬가지다. 철저한 성과주의다. 과정? 그딴 거 필요 없다. 아니, 안 본다. 직업상담 과정에서 민원만 발생하지 않으면 되니 결국 알선취업을 얼마나 했느냐로 평가받게 된다.

내가 참여자에게 얼마나 도움이 되는 이야기를 해줬는지, 그래 서 긍정적인 변화가 생겨 참여자가 스스로 취업을 했다 하더라 도 알선취업이 아니라면 큰 의미가 없다. 즉, 정성적인 평가는 미미하다는 뜻이다.

사실 직업상담을 평가하겠다는 말도 애매한 것이, 평가하겠다고 잘못 덤비게 되면 자칫 '만족도 조사'라는 탈을 쓰고 우리를 두 번 죽이는 셈이 된다. 가전제품이나 서비스센터에서 보내는 '매우만족으로 부탁드립니다'라는 서로 불편한 당부는 마지못한 수락을 받는 모양새로 되돌아 올 수도 있다. 그리고 이를 악용하는 참여자도 분명 생길 것이다.

NCS 세분류상 직업상담사와 취업알선원은 구분하고 있지만 현장에서는 직업상담사가 거의 취업알선업무 위주로 일하게 되어 있다. 결국 현실은 직업상담＝취업알선일 뿐이다.

빠른 시일 내에 취업실적을 올려야 하는데 일자리 매칭이 그렇게 쉽지만은 않다. 상담사의 역량과 부지런함이 중요한데 내가 의욕적으로 한다고 무조건 취업률이 높아지는 것이 아니다.

취업은 무엇보다도 구직자의 자발적 동기가 있어야 하는데 일자리가 있어도 여러 가지 이유로 취업을 미룬다. 특히 구직촉진수당처럼 실비를 받는 경우는 구직자들 머릿속 계산이 빨라진다. 즉, 정부지원사업 특성상 이 경우 취업실적은 개인이나 조직의 역량으로 결부시키기 어려운 면이 있다.

실적압박이 본격적으로 시작된 9월의 어느 날이었다. 구직촉진수당 처리, 채용정보 제공, 참여자들의 끊이지 않는 문의로 10분만 지나도 카톡이 산처럼 쌓여가고 있을 시기였다. 그렇게 하루

하루 전쟁을 치르며 떡실신 직전인데 동료 상담사가 말을 걸어
왔다.

"선생님, 어제 그 뉴스 보셨어요?"

"무슨 뉴스요?"

동료가 보내준 뉴스를 읽는 순간 얼굴이 일그러짐을 느꼈다.

"사망자가 구직 신청" 실적 부풀린 고용센터9)

구직자들에게 취업 상담과 알선을 해주는 정부 고용센터와
지자체 일자리센터에서 개인정보를 도용해 실적을 부풀렸던
것이 드러났습니다. 심지어 이미 세상 떠난 사람의 인적사항
을 입력해 허위 구직신청을 한 사례만 1만 건을 넘을 정도인데, 먼저 실적 조작
실태를 전형우 기자가 단독 보도합니다.

지난 2017년 하반기 정부의 취업 알선 전산망 워크넷에 수상한 정황이 포착됐습
니다. 구직 신청을 하자마자 곧바로 취소한 사례가 급증한 것인데, 정부 조사 결
과 고용센터와 일자리센터 상담사들이 취업과 무관한 시민의 개인정보로 허위 신
청한 것으로 밝혀졌습니다. …(중략)… 정부가 취업 실적을 토대로 예산을 배분하
기 때문에 계약직이 대부분인 상담사들은 극도의 실적 압박에 시달렸습니다.

전직 직업상담사 : "(센터에서) 이거(실적) 왜 안 나왔느냐 그렇게 재촉하고 선임

---

9) https://news.sbs.co.kr/news/endPage.do?news_id=N1006465700&plink=ORI&cooper=
NAVER&plink=COPYPASTE&cooper=SBSNEWSEND

은 그 실적을 채우기 위해서 계속 부당한 지시를 내리고 그 부당한 지시를 거부

한 사람은 잘렸어요."

출처 : SBS 뉴스 2021. 9. 14.

직업상담사의 취업실적은 사업특성에 따라 보고 시기가 다른데 2021년 국민취업지원제도는 10월까지의 고용보험 가입자 기준이다. 그래서 취업을 했다 해도 10월까지 고용보험에 오르지 않는다면 실적으로 인정이 되지 않는 것이다.

내 경우 제일 빠른 참여자가 8월에 구직촉진수당 6회 차가 마무리되었다. 대기업이나 공기업 쪽으로 준비하는 참여자와 일부 극소수의 자체 조기취업을 제외하면 대부분 수당을 어느 정도 받은 후 취업을 생각하는 분위기 탓에 알선취업 기간이 막바지에 몰리게 된다. 더 늦게 입직하여 중간에 시작한 상담사들은 10월 실적마감에 맞추면 상황이 더 급하게 돌아가게 된다.

국민취업지원제도와 같은 정부지원사업은 취업성과를 내지 못한다면 다음 해 위탁을 받을 수 없기 때문에 실적압박이 늘 뒤따르게 된다. 관할 고용센터 역시 실적이 낮으면 해당 지역 내 정부지원사업이 제한되는 상황이 발생한다.

그런 이유로 위탁기관의 실적만 좋다고 해서 해결될 문제가 아니라 고용센터 실적도 함께 올라야 결과적으로 많은 사업을 유치할 수 있게 된다.

내가 해봤기 때문에 안다. 다시 말하지만 취업실적은 직업상담사의 능력 여부를 떠나 구직자의 상황과 특성에 따라 잘 나오기도, 안 나오기도 한다. 여기서도 복불복이 작용한다.

뉴스를 본 그날, 나는 몸보다 마음이 더 무너져 내리고 있었다.

D I A R Y

회의에서 실적 압박이 양팔 5cm 정도만 남기고 들어왔다.

조금 더 있으면 압사 수준이다.

알선취업이 적으면 '직무유기'란다.

전체 직업상담사를 두고 하는 말이지만 나는 지금껏 100명 가까이 쳐내며 회사와 참여자들에게 도움을 주고, 실수 없이, 민원 발생 없이 일하려고 안간힘을 쓰는데 조금 힘이 빠진다.

알선취업이 아니면 아무 일도 안 한 것인가.

"취업은 저 먼 곳에"

"배우려는 의지가 없으면 아무도 도와줄 수 없다. 배우려는 의지가 확고하면 아무도 막을 수 없다."

작가 지그 지글러 zig ziglar 는 말했다.

"취업하려는 의지가 없으면 아무도 도와줄 수 없다. 취업하려는 의지가 확고하면 아무도 막을 수 없다."

나는 이렇게 얘기해 주고 싶다.

(EPISODE 1) ····· **나한테 왜 이러니**

참여자 D가 갑자기 훈련을 듣겠단다. 왜 그러냐고 하니 취업이 잘되고 나중에 나이 들어서도 할 수 있는 그런 걸 해야 할 것 같단다. 그게 뭐냐고, 그런 게 있으면 '나도 같이 하자'고 하니 빵 터진다.

D는 예전에 호텔에 잠시 근무했던 경험을 살려 호텔 매니저가 되고 싶어 했다. 그 경력 외엔 별다른 스펙이 없었다.

그런데도 초기상담하고 취업활동계획 수립할 때까지 기고만 장했다. 훈련은 필요 없고 취업할 수 있을 것 같다고 했다. 실제로 고르고 골라서 구직활동도 하는 듯했다.

그런데 면접에서 안 되고, 점점 서류를 넣어도 연락이 없고, 그러면서 6회 차 구직촉진수당 기간도 끝났다.

이제 진짜 취업하자고 당부하고 보낸 지 보름도 안 됐는데 갑자기 훈련을 들어도 되냐고 하는 것이다. 그러면서 바리스타와 지게차 훈련을 듣고 싶단다. 바리스타와 지게차라, 이게 머선 소린지. 게다가 훈련을 다 듣고 나면 11월이다. 올해 실적과는 안녕이다.

아무 자격증도 없는 것보다는 바리스타 자격증이라도 따면 호텔 쪽으로 취업하기 유리할 것이다. 지게차는 말 그대로 보험이다. 일단 배워두는 거다.

"제가 처음에 이런 훈련 들으라고 했으면 안 했겠죠?"

"(웃으면서) 네, 그때는 이럴 줄 몰랐어요."

"진작 배웠으면 좋잖아요."

"그러게요."

어쩌겠는가. 초기상담 때나 자주 연출되는 카드발급서류와 훈련추천서류까지 친절하게 마무리해 주었다. 이왕 이렇게 된 거

자격증 따서 꼭 취업합시다, 네?

EPISODE 2 ···· **나한테 자꾸 왜 이러니**

참여자 E는 첫 상담 때부터 의욕이 없고 상담 때 매번 늦고 목소리에 힘도 없었다. 고졸인 E는 드론, 사진 등에 관심이 있다고 했는데 스펙은 운전면허밖에 없었다. 드론이나 사진 훈련도 권해봤지만 당시에 받을 생각이 그다지 없었다.

몇 번이나 독려해서 취업활동계획 수립 마감일 직전에 겨우 정한 직종이 배송운전이었는데 거기에도 단서가 붙었다. 배송운전은 채용조건에 영업을 겸하는 경우가 꽤 있는데 본인은 영업은 하기 싫고 운전만 하고 싶다고 했다. 허리가 좋지 않아 무거운 것 드는 것도 꺼린다 했다.

이 조건에 맞는 채용정보를 찾아 열심히 주었건만 매칭이 잘되지 않았다. 본인이 좋다 하면 업체에서 반기지 않았다.

그러던 중 연봉도 높고 영업도 안 하고 무거운 것도 나르지 않는 괜찮은 일자리를 소개했더니 좋은 것 같다고 하면서 말한다.

"그런데 제가 드론 교육을 받고 싶은데, 가능할까요?"

가능하다. 안 될 것은 없다. 6개월 구직촉진수당이 다 끝나가는 시점에 이제 와서 훈련을 받겠단다. 나 지금껏 뭐 한 거니.

훈련을 다 듣고 나면 내년 1월 말이다. 웃음기가 사라진다. 본인이 원했던, 그것도 4차 산업혁명을 이끌 주목받는 드론 쪽으로 하겠다니 지금이라도 다행이라 생각하며 훈련서류를 성심성의껏 다 마무리한다. 나도 사람인지라 허탈하지 않다고 하면 거짓말일 것이다.

상담을 좀 하다 보면 초기상담에서 대략적인 감이 온다. 취업의지가 있고 역량도 뛰어나 '빨리 취업이 되겠다' 예상한 참여자는 스스로 어떻게든 노력해서 조기취업을 이루어낸다. 그런데 취업도 할 듯 말 듯, 훈련도 받을 듯 말 듯, 이도 저도 아니게 시간만 보내는 참여자들이 대부분이다. 결국 10월 실적마감을 지나고 기간만료로 미취업자가 되어 끝까지 남는다.

이 게임은 남는 자가 이기는 게 아니다.

EPISODE 3 ⸺ 훈련을 받을수록 보수는 낮아진다?!

참여자 S는 국민취업지원제도 신청해서 오는 사람들 나이대가 어떻게 되냐고 물었다. 우리나라 나이로 내년에 서른이 되니 마음이 급한 듯했다. 전직 직업상담사라 동종업계로 알선취업을 시켜야 하나 하고 만났는데 그게 아니었다.

직업훈련기관 직업상담사였는데 혼자 HRD 업무도 하고 일이 너무 많았단다. 그쪽 일 많은 건 내가 잘 알지. 그래도 연봉을 조금씩 올려줘서 있었는데 도저히 안 되겠더란다. 진작 그만뒀어야 했는데 붙잡아서 반년을 더 있었단다. 학생들 취업시켜주다 보니 차라리 내가 이걸 배워 그쪽으로 취업을 해야겠다는 생각이 들더란다.

IT 훈련도 정말 많이 배운다. 나는 훈련의 역설에 대해 말해줬다. 훈련을 듣는 직종이 훈련이 없는 직종보다 급여가 낮아지는 현상에 대해. 사실 누구나 할 수 있는 일을 해서는 좋은 페이를 기대할 수 없다. 진입장벽이 없는 직업상담사도 그런 의미에서 암울하다.

얘기하다 평소 생각이 이어진다. 예를 들면 제과제빵과 바리스타는 온 국민이 배울 작정인지. 특정 직군에 너무나 많은 사람을 훈련시킴으로써 결과적으로 그 시장에 과잉공급이 유발돼 임금은 점점 낮아진다. 이런 내 생각에 S가 맞장구를 친다.

"맞아요, 직업상담사도 마찬가지예요. 인식도 안 좋아지고…. 아무것도 모르는 사람이 와서 코딩 배우겠다고 하고. 안 된다고 막을 수 없는 게, 국민신문고에 올린다 하고. 취업 안 되면 왜 안 되냐고 하고."

그런데 그가 훈련을 받는다. 아이러니하지만 이게 현실이다.

※ 2022년부터 1유형의 경우, 구직촉진수당 6회 차 지정일 이전에 개강하는 훈련으로 수강 가능하도록 변경되었다.

시월이 지나가는 어느 날

고용노동부에서 정한 실적 마감이 끝나가는 시점이다. 실적은 여러 가지 기준으로 정량평가를 하게 되는데 가장 관건은 역시 알선취업 숫자다.

'알선취업'은 어떤 면에서 참여자의 능력을 과소평가하는 일이다. 직업상담사가 직업 관련 정보들을 제공하지 않으면 참여자는 취업을 하지 못한다고 생각하는 것이다.

그런데 직업상담사는 참여자가 접근하지 못하는 고급정보만을 제공하는 것도 아닌 누구나 찾을 수 있는 채용정보, 그 많은 일자리 중 하나를 추천하는데 참여자가 그 회사에 지원해 합격한 후, 다닐 확률이 얼마나 될까.

'본인취업'은 그에 반해 정량평가에서 상당히 평가절하되고 있다. 직업상담에서 컨설팅해 준 횟수로 약간의 정량평가 반영은 하지만 노력 대비 충분치 않다. 본인취업은 상담사가 해준 일이 없다고 판단하는 것이 문제인데 곰곰이 생각해 보자.

우리는 늘 "고기를 주지 말고 낚는 법을 가르쳐주라"고 말한다.

취업 의지가 없는 사람을 직업상담을 통해 의지를 갖게 해주고, 취업역량이 없는 사람을 지지와 독려로 역량을 키우게 하고, 이력서 하나 못 쓰는 사람을 제대로 쓸 수 있게 만들어 결국 '스스로 취업'을 하게 만들었다. 이 과정에서 직업상담사는 정말 별로 한 일이 없는 것일까?

그 사람은 앞으로도 실직할 때마다 상담사를 찾는 것이 아니라 '스스로' 구직활동을 해서 취업할 수 있는 역량을 갖게 된 것이다.

이것이 정말 '별로 해준 것이 없는' 일인지 묻고 싶고, 또 어떤 것이 '옳은 일'인지도 묻고 싶다.

5장

국민취업지원제도,
너 도대체 뭐니?

전산망에는 자고 일어나면 버튼이 하나 생기고
다음 날도 생기고,
그다음 날도 생겼다.
입력 지옥에 온 듯했다.
참여자 한 사람을 한 시간 상담하면
여기저기 입력할 것이 한 시간 분량이다.
그러면서 앞으로 알선도 해야 한다.
언제 검색하고, 언제 알선하나.

• • •

"혼돈 속으로"

2021년 2월 10일. 입사 후 8일째.

대전청 공무원 자살 기사로 커뮤니티가 들끓었다. 출근한 지 일주일 차의 고용노동부 신입 직원은 국민취업지원제도 상담 업무를 담당했다고 한다. 충격이었다. 어떤 상황이었는지 짐작이 갔기 때문에 더 그랬다. 국민 취업 시키려다가 또 다른 국민이 쓰러져 나가는 형국이었다.

물론 모든 곳이 다 그렇지는 않다. 지역편차가 큰데, 문제는 심각한 곳은 너무 심각하다는 것.

출근 일주일 만에 극단적 선택한 고용노동부 신입 직원…
"업무 물어볼 곳 없어"**10)**

---

10) https://www.worklaw.co.kr/view/view.asp?bi_pidx=31934

···(전략)··· A 씨는 2월 1일부터 출근해 일요일까지 근무했던 것으로 알려졌다. 초과근무도 17시간에 이른 것으로 나타났다. 대전청 관계자는 "평소 성격이 밝은 직원이었지만, 업무를 물어볼 사람이 없어 적응에 힘들어했다는 얘기가 있다"고 전했다. 고용노동부의 한 근로감독관은 "시보(행정서기보시보)에게는 통상 일을 주지 않고 배우게만 하는데, 업무를 제대로 알지 못하는 상황에서 물어볼 곳이 없었다면 큰 스트레스였을 것"이라고 말했다.

이미 과중한 업무에 시달리고 있던 고용부 직원들에게 새로운 업무가 부과되면서 직원들의 업무량은 폭주 상태라는 지적이 나온다. 고용부 서울청의 한 직원도 "지방 사정은 잘 모르겠지만 서울 일부 청의 경우 국민취업지원 업무 배정량이 10,000건이 넘는다"며 "긴급고용지원금 등 기존 패키지 업무를 안고 있는 상황에서 새로 생긴 국민취업지원 업무까지 떠맡게 되면서 센터는 업무 폭주 상태"라고 설명했다. ···(중략)··· 한편 국민취업지원 업무의 경우 선배가 후배에게 가르쳐주는 것마저도 쉽지 않다는 지적이 나왔다. 서울청의 다른 근로감독관은 "이 업무 관련해서는 제대로 된 매뉴얼이 내려온 바 없다"며 "동료나 선배들도 일을 못 가르쳐줬을 것"이라고 말했다. ···(후략)···

출처 : 월간 노동법률 2021. 2. 9.

같이 교육받았던 동료가 기간제로 고용센터에 입직했기에 관련 업무 상황을 어느 정도는 알 수 있었는데 대부분 오픈카톡방에서 나오는 얘기이기도 했다. 누구나 당하는 문제는 아니지만 한두 명이 겪는 문제 또한 아니라는 점이다.

취업성공패키지(이하 취성패)에서 국민취업지원제도(이하 국취)로 전환한 참여자의 국취 상담 업무와 기존 취성패 참여자를 담당하는 경우다. 취성패에서 국취 전환자 취업활동계획 수립을 하루에 다 해야 하고, 업무 실수를 하게 되면(예를 들어 원래는 수급자격불인정자인데 실수로 인정이 되어 상담이 진행된 경우) 직접 취소가 안 되고 공문을 보내도 처리가 지연된다든지 하는 상황이 비일비재하다.

무엇보다도 일처리 방법이 계속 바뀌고, 민원도 너무 많고, 매일 상담이 쏟아지고, 전산이 아직 안 되는 걸 참여자에게 안내하면 왜 안 되냐고 따지면서 계속 민원이 들어온다.

매뉴얼에는 상담사 한 명이 담당하는 최대인원을 100명으로 했는데 현실은 그런 거 없고 주는 대로 다 해야 한다고 했단다. 명백히 민원인 잘못인 경우(예를 들어 막말)에도 상담거부권 같은 거 없다.

내가 첫 출근하고 시일이 꽤 지나도 전산시스템 구축도 그렇고, 매뉴얼 지침도 그렇고 불안정적인 상태는 계속되었다. 국민취업지원제도는 모두를 신입으로 만들어버렸다. 기존 경력자나 새내기 상담사나 모두에게 '처음'인 것이었다.

모든 제도는 첫 시행에 착오가 있다. 하지만 어느 정도 선이라는 게 있는 것인데 이번엔 선을 한참하고도 많이 넘었다.

두 번의 러브콜(?)

"… 그래서 TO가 났는데 혹시 근무 의사 있으신지 해서요."

오늘 고용센터에서 또 전화가 왔다. 예비합격자였던 나에게. 신기한 것은 1, 2순위도 아니고 거의 가망이 없다고 하는 내 차례까지 왔다는 건 앞에 사람들이 다 나가떨어졌다는 얘기다. 2월 말까지, 그것도 두 번이나 전화를 받았으니 말 다한 것이다.

첫 번째는 면접 때 안내해 준 공무원이 전화했고 업무가 바뀌면서 후임 공무원이 내게 또 전화를 한 것이다. 혹시나 하고.

내가 그때 거기 들어갔으면, 하고 생각하니 아찔한 걸 넘어서 벼락을 피했다는 안도감까지 들었다.

난 세상 정중하게 거절했다. 그리고 가슴을 쓸어내렸다.

#나랏말싸미 #듕귁에달아 #변경지침 #매우지침

메일에 업무 매뉴얼 지침이 매일 날아온다. 나중에는 어떤 것이 맞는지도 모를 지경이다. 혼란의 연속이었다. 이 상황은 거의 4월 말까지 계속되었고 이후에도 수시로 변경 지침이 내려왔다. 나중에는 최종본이라고 해도 믿지 않았다.

명확한 기준이 없다 보니 제일 문제는 세부 사항이 주무관 재량으로 해석을 다르게 하는 것이다. 지역마다, 센터마다 다르게 적용되는 해프닝의 연속이었다.

"아니, 내 친구가 하는 ○○ 지역은 된다는데 여기는 왜 안 돼요?"

이런 말이 참여자 입에서 나온다.

훈민정음은 중국말과 우리말이 달라서 오는 불편함 때문에 만든 글자였다. 분명히 한글로 써놓은 매뉴얼인데 두둥두둥~ 'TV쇼 진품명품'도 아니고 국민취업지원제도 매뉴얼을 두고 해석이 분분하다.

'이 단어가 무슨 얘기냐, 이게 이렇게 한다는 의미냐'로 하루 종일 묻고 묻는다. 서로 모르는 상태에서 추측만 할 뿐 뾰족한 답도 없다. 결국 다들 다급한 마음으로 오픈카톡방에 실시간 질문을 해댄다.

"우리 주무관님은 안 된다고 했어요(주바주)."

"그거 우리 지역 고용센터에서는 봐줘요(센바센)."

그야말로 아수라장이다. 결국 고용센터 주무관의 해석에 달렸는데 이게 말인지 뭔지. 나중에는 커뮤니티에 '주무관법'이라는 얘기까지 나왔다.

당시 서로에게 주는 최선의 조언은 "이 또한 지나가리라"밖에 없었다.

취업지원사업은 민원으로 직결되기 때문에 업무관련 지침을 명확하게 숙지하는 일이 제일 중요하다. 실수해도 다시 하면 되는 일반 업무가 아니라는 말이다.

직업상담사의 잘못된 정보 안내로 참여자가 고용센터에 민원을 제기하는 사례가 종종 발생하곤 한다. 민원은 고용센터를 비롯한 정부기관에서 가장 신경 쓰는 부분이기 때문에 상담사들은 민원이 발생할까 전전긍긍할 수밖에 없다.

그래서 지침이나 규정과 관련해 모호한 부분이 있다면 일단 관할 고용센터 담당 공무원에게 문의하는 것이 최상의 해결 방법이다. 다만 고용센터 담당 공무원들도 매우 바쁘므로 적절히 센스 있게, 꼭 필요한 핵심 사항만 질문하는 것을 권한다.

담당 공무원이라도 가끔은 업무변경이나 인사이동 등의 이유로 모든 지침을 알고 있지 못하는 경우도 있기 때문에 서로 협력해 민원방지 및 업무를 해결하는 개념으로 접근하는 것이 좋다.

" 이 어려운 걸 또 해냅니다 "

●● 입력 지옥, 서류 지옥, 참여자 천국

2021년 3월 4일. 입사 후 한 달 채 안 되던 날.

그때는 몰랐다. 이것이 해피엔딩으로 끝날지 새드엔딩으로 끝날지. 그 누구도 알 수 없는 상황이었고 이게 언제 끝날까 하는 생각뿐이었다. 카페나 오픈카톡방 등 커뮤니티에서 하소연은 여전했고 스크롤은 현기증 나게 끝도 없이 내려갔다.

보는 것만으로도 피로감이 쌓여 더 이상 보지 않게 되었다. 59만 명 지원 예산에 이미 20만 명이 신청했고, 현재 신청자가 5만 명 더 있단다.

입직하고 한 달 정도 지났을까, 어느 날 저녁 팀장이 조용히 나를 부른다. 아무 말도 꺼내지 않았는데 대뜸 '괜찮겠냐'고, '그만두면 안 된다'고 한다.

"선생님이 지금 31명, 내가 60명이거든요. 괜찮겠어요? 내가 이렇게 바쁘니 다른 선생님들을 봐줄 수가 없고, 나도 미치겠다. 선생님한테 2명 더 배정해도 되겠어요?"

듣고 있다가 내가 대답한다.

"네, 주세요. 31명이나 33명이나 ㅎㅎㅎ."

"그렇죠? 31명이나 33명이나 ㅎㅎㅎ."

그러면서 내가 오히려 팀장을 위로(?)한다.

"어쩌겠어요. 요령껏 해야죠. 업무시간 안에서 최대한 짜내서 시테크하고…."

일은 힘들지만 나를 생각해 주는 사람이 있고 서로 힘듦을 알아주니 그것만으로도 다행이다. 다들 제 코가 석 자라 여유가 없다. 이래서 직업상담사가 단합이 안 됨을 느꼈다. 단합을 위한 시간을 내느니 그 시간에 밀린 일을 해야지.

집에 오는 길에 흔히들 하는 말이 생각난다.

'일이 힘드냐, 사람이 힘들지.'

그런데 일이 힘들다. 일이 너무 많다. 많아도 너무 많다.

●● 극한직업! 직업상담사의 업무

상담을 진행하고 나면 '고용안정정보망'이라는 전산상에 참여자와 그날 상담한 내용을 작성해 입력해야 한다. 그리고 참여자

별 파일을 만드는데 상담하면서 진행한 관련 서류를 모두 첨부해야 한다.

그렇게 만들어진 참여자 개개인의 서류파일은 내가 관리한 이력으로 증빙이 되고 후에 점검 자료도 된다. 즉, 참여자마다 온·오프라인으로 관리한 내역을 모두 모아두는 것이다.

이런 이유로 전산 사용이 미숙하거나 타자가 느리다면 업무시간이 그만큼 늘어나게 된다.

국민취업지원제도에서 나의 업무(1유형의 경우)

- 기본 필수상담 : 초기상담, 2차, 3차(취업활동계획 수립 필요) 상담
- 구직촉진수당 2회부터 6회 차까지, 최소 월 1회 상담
- 월 구직활동 2회 이행 관리
- 매월 직업훈련 출석 관리
- 구직촉진수당 1회부터 6회 차까지의 수당 서류 작성
- 6회 구직촉진수당 종료 후 정보 제공 월 2회
- 취업지원종료처리 후 사후관리 월 1회
- 국민내일배움카드 발급 서류 작성
- 직업훈련 서류 작성
- 직업훈련 상담
- 직업훈련 변경 및 추가 시 상담&서류 작성
- 이력서와 자기소개서 클리닉

- 취업알선

- 동행면접

- 그 밖에 참여자들이 궁금한 문의 사항 수시 응대

※ 위의 모든 업무를 매번 전산에 입력하고, 입력하고, 또 입력하고, 그리고 입력한다.

여기까지가 참여자 한 명당 필요한 직업상담사의 대략적인 업무이다. 내가 60명을 관리한다고 하면 곱하기 60, 80명이면 곱하기 80, 100명이면 곱하기 100의 업무량이 된다.

다들 송중기도 아닌데 이 어려운 걸 또 꾸역꾸역 해낸다. 해내는 사람은 남고, 못 견디는 사람은 나간다.

그렇다면 일의 강도가 이렇게 세다면 정시퇴근은 가능할까? 초창기, 많을 때는 하루에 6~7명 상담한 날도 있었다. 한 명이 1시간 정도씩 상담하면 상담 이외에 다른 업무를 할 시간은 야근뿐이다. 야근수당은 없다.

퇴근 시간 무렵부터 상담일지 작성, 행정 업무가 시작되는 것이다. 아주 바쁜 시기에는 한시적으로 관리하는 참여자가 120명까지 가능해졌었다.

정말 바빴던 3월까지 당시 커뮤니티에는 이런 글로 넘쳐났다.

'매일 야근이다', '지금 ○명 상담하고 있다', '집에 와서도 일을 하고 있다', '주말에도 나가야 할 것 같다', '그만둬야 하나', '매일 아침 눈 뜨는 게 힘들다', '죽고 싶다' 등등 업무 과다로 모두들 아우성이었다. 그러던 중 대전청 기사가 터졌고 국민신문고에 청원도 올라갔다.

그래서일까. 3월 중순에 상담사 근로보호 관련 공문이 내려왔고 그때서야 우리는 정시에 퇴근할 수 있었다. 대신 안 그래도 숨 돌릴 시간 없던 업무시간은 업무밀도가 더 촘촘해졌다. 오후가 되면 머리에 피가 쏠리는 느낌이다.

어쨌든 강제퇴근이 가져다준 저녁 있는 삶은 감사한 일이다. 다만 이렇게 누군가 희생되고 목소리를 높여야 바뀌는 현실에 쓸쓸할 뿐.

●● 지역마다 업무량도 복불복

신입 선생님이 말한다. 지난번 교육에 갔을 때 다른 기관 상담사들과 얘기하면서 안 모양이다.

"우리 회사는 좋은 거래요. 다른 데는 이제 입사 3개월 됐는데 벌써 관리하는 참여자가 70명이라고, 거기다 행정 업무까지 같이 하고 있다고, 그래서 다음 달에 그만둘 거라고 하더라고요."

여기서 궁금할 것이다. 참여자 수가 왜 다 다른가?

국민취업지원제도에 참여하고 싶은 신청자는 그 지역 고용센터에서 심사하여 선발하면 민간위탁기관에서 담당하는 유형을 따로 배정하게 된다. 이것이 지역별로 차이를 만드는 것이다.

신청자가 많은 지역이 있고 적은 곳이 있다. 만약 민간위탁기관이 그 지역에 한 곳 밖에 없다면 배정인원이 당연히 그곳으로 몰리게 된다. 또 근무하는 상담사 수가 몇 명이냐에 따라 내가 관리하는 인원이 많을 수도, 적을 수도 있는 것이다.

내가 아는 직업상담사가 근무하는 지역은 주택가가 아닌 업무지구라 참여자 수가 시행 초기부터도 적어서 일이 그다지 많지 않다고 들었다. 그에 반해 배정인원이 폭탄 수준인 곳도 있고, 완전히 복불복인 셈.

"제 어머니를 보내주세요" 아우성에.. "기간제 2천여 명 투입"11)

고용부, 한달 10만 명 신규신청 고용센터 업무 경감

1,900명 긴급처방. 정신건강 위한 '힐링캠프' 신설

…(전략)… 한 달 평균 10만 명 이상의 신규 신청자가 쏟아진 구직급여 업무는 물론이다. 특고·프리랜서를 위한 긴급고용안정지원금 지원심사, 취업성공패키지 등 취업지원서비스, 기존 근로자의 계속고용을 위한 고용유지지원금 업무까지 쌓였다. …(중략)…

청와대 국민 청원도 여러 번 올라왔다. 지난달 19일 고용센터 상담사 어머니를

---

11) https://news.v.daum.net/v/20210313060507412

뒀다고 소개한 한 청원자는 "저희 어머니를 집에 보내주세요"라고 호소하며 "부족한 인력과 전산 미비, 업무가 한꺼번에 몰리는 현상의 반복으로 많은 분들이 저녁도 드시지 못한 채 밤늦게까지 근무를 하는 상황이 반복되고 있다"고 지적했다. 그는 정부에 업무 경감 대책을 요구했다. …(후략)…

출처 : 뉴스1코리아 2021. 3. 13.

" 업무량 보존의 법칙 "

살면서 많은 법칙을 만난다. 학교 때 배운 것 중 가장 기억에 남는 것이 질량보존의 법칙. 하지만 그보다는 실생활에서 더 뼈저리게 느끼는 것이 이른바 '또라이 총량의 법칙'이다.

또라이 총량의 법칙

- 어디를 가든 '또라이'는 존재한다.
- 그 또라이를 피해 이사를 가거나 직장을 옮기면 새로운 또라이를 만나게 된다.
- 만약 내가 속한 집단에 또라이 수가 적다 해도 그들의 또라이 지수가 높으므로 또라이 총량에는 차이가 없다.
- 내가 속한 집단에는 또라이가 없는 것 같다면 바로 당신이 또라이다.

이 일을 시작하고 한 달 정도 되어 느닷없이 떠오른 것이 '업무량 보존의 법칙'이다. 일을 하면 줄어야 하는데 줄지 않는다. 계속 똑같다. 확 그냥 안 해버릴까?

회사생활을 좀 하다 보니 이런 생각이 든다. 일을 열심히, 잘했을 때 돌아오는 보상은 뭘까?

정답은 또 다른 일이다. 계속 일을 준다. 그럴 수밖에 없는 것이 맨날 뭔가 빠뜨리고 실수하는 직원에게는 일을 안 준다. 불안해서 못 주는 것이다. 그런데 잘하는 직원에게는 일이 몰린다. 그럼 그 사람은 계속 바쁘고 다른 한 사람은 한가하다.

국취에서는 특히 참여자 수에서 그 차이가 바로 드러나게 된다. 관리하는 인원이 다 다르다. 많이 쳐내는(?) 사람에게 계속 배정이 온다.

노동생산성 12)이 다른 것이다. 어느 조직에서든 늘 있는 현상이다. 월급은 똑같은데 사실 불공평한 것이다. 하지만 장기적으로 보면 일이 많은 사람이 성장하고 발전하게 된다.

로버트 브루스 쇼의 책《워커사우루스-세계 자본을 거머쥔 공룡기업가들》에 일론 머스크 이야기가 나온다.

---

12) 일정 시간에 노동력을 투입해서 얻은 부가가치를 말하며 효율성이라 보면 된다. 예를 들면 노동생산성이 높아진다는 말은 10명이 하던 일을 5명이 하는 것이고, 반대로 노동생산성이 낮아진다는 말은 10명이 하던 일을 20명이 하는 것이다. 노동생산성이 높다는 것은 같은 시간에 더 많은 상품을 생산했다는 뜻이므로 상품 생산에 들어가는 비용은 더 저렴해진다. 마찬가지로 상담사 1명이 참여자를 많이 진행할수록 노동생산성이 높아지는 것이고, 급여 등 회사에서 들어가는 비용은 낮아진다.

머스크는 혁명적인 제품을 만들려면 치열한 직업의식을 가져야 한다고 생각한다. 자신의 성공을 본받고 싶다면, 밤늦게까지 일한 다음 잠자리에서도 제품에 대한 꿈을 꿀 정도가 되어야 한다면서 말이다. 휴가도 휴식도 없이 일주일에 7일을 그렇게 살라고 한다. …(중략)… 머스크의 파격적인 직업의식은 그의 회사에도 그대로 적용된다. 그는 테슬라와 스페이스X의 사명을 강조하며 이렇게 말했다. "주당 40시간 일해서는 혁명적인 자동차나 로켓을 만들 수 없습니다. 그런 식으로는 안 됩니다. 일주일에 40시간으로는 화성에 사람을 이주시키지 못합니다."

그러나 우리는 화성에 사람을 보내는 일을 하는 것이 아니기 때문에 주 40시간 근무가 맞다.

다시 국민취업지원제도로 돌아와 내가 관리하는 참여자 수를 생각해 보자. 내가 관리하는 참여자가 너무 적으면 어떤 일이 벌어질까? 일이 적으니 한가할 것이다. 하지만 알선할 사람이 별로 없다. 몇 명 하고 나면 데이터가 없는 것이다.

반대로 내가 관리하는 참여자가 너무 많다면? 알선할 시간이 없다. 절대적으로 필요한 물리적인 시간이다. 상담하고 실수 없이 쳐내기도 힘에 부친다. 결론적으로 알선취업자가 적어질 수 있다.

이 세상 대부분의 현상이 정상분포를 그린다. 내가 관리하는 참여자가 적당해야 제대로 상담하고 알선취업까지 내실 있게 할 수 있다. 물론 여기에는 내 의지와 상관없는 중요변수가 있다. 어떤 참여자가 배정되느냐에 따라 복불복이다.

그래도 내가 볼 때는 관리하는 참여자 수가 60명, 많아도 70명 내외가 최적이다.

DIARY

불러도 대답 없는 이름이여.

6회의 구직촉진수당이 끝나면 무조건 월 2회 채용정보를 줘야 한다.

현실적으로 취업단계가 아닌, 훈련을 받고 있는 참여자에게도 줘야 한다.

정보제공이 무의미하다는 것을 뻔히 알고 있는 참여자의 상황에도 예외는 없다.

월 2회가 뭐 많나 싶겠지만 참여자가 70~80명을 넘어서면 많다.

많은 건 그렇다 치자.

채용정보를 줘도 확인도 안 하고 답이 없는 참여자들 때문에 더 힘이 빠진다.

나 혼자 뭐 하는 건가, 자괴감이 드는 헛짓거리 중에 최고봉이다.

" 라포는 먹는 건가요? "

1과목 직업상담학에서 '직업상담 기법' 중 초기면담에 대한 내용이 있다. 초기면담의 유형에 세 가지가 나온다. 이것을 국가취업지원제도에 적용해 보면 다음과 같다.

1. 내담자 대 상담자의 솔선수범 면담

국취는 내담자에 의해 시작하는 면담이라기보다는(국취 신청은 내담자가 하였지만 이것은 내담자의 목적을 확신하지 못하는 경우를 말하므로 해당 안 됨), 상담자에 의해 시작하는 면담에 해당한다. 그러므로 우선 왜 상담을 하는지를 설명하여 내담자의 긴장을 풀어야 한다.

2. 정보지향적 면담

초기면담의 목적이 정보수집에 있기 때문에 국민취업지원제도가 딱 여기에 해당한다고 볼 수 있다. "취업을 하기 위해서 어떤 계획을 가지고 있습니까?"와 같은 질문을 하거나, 개방형 질문을 하거나, 폐쇄형 질문을 하여 내담자로부터 다양한 정보를 얻어내야 한다.

폐쇄형 질문은 국취 매뉴얼을 통해 진행하면 되고 개방형 질문은 상담을 진행하면서 수시로, 특히 직업선호도 검사를 해석하면서 대답을 끌어낼 수 있다. 상담사의 노련함과 재량에 달려 있다고 볼 수 있다.

3. 관계지향적 면담

재진술과 감정의 반영(반향)을 주로 이용한다. 재진술은 내담자에 대한 반사적인 반응으로 내담자가 표명하려는 말을 상담자가 제대로 알아들었음을 알려준다. 감정의 반향은 내담자의 정서적 느낌을 상담자가 언어적, 비언어적으로 표현하여 내담자로 하여금 이해받고 있다는 느낌을 주게 된다.

이번엔 초기면담의 주요 요소에 대해 살펴보자.《직업상담사》 책 첫 번째에 나오는 것이 라포rapport 형성이다. 라포는 내담자의 긴장을 풀어주고 상담과정에서의 비밀 유지에 대해 설명해 줌으로써 불안을 감소시키고 친밀감을 형성시키는 것이다. 모든 상담에서 가장 중요한 첫 단계가 라포 형성이라 할 수 있다.

자, 초기면담에서 이런 것들이 다 이루어지려면? 충분한 시간과 상담사의 노련함, 내담자의 개방성, 상호 간의 신뢰형성 등이 필요하다. 나는 늘 균일하게 인풋을 한다고 하지만, 아웃풋이 다 다른 걸 보면 내담자의 성격이나 참여의지에 좌우되는 것 같다. 물론 그들이 '느끼는' 나의 인풋이 '다르다'고 해도 그 말을 부정할 순 없다. 동일한 서비스를 제공해도 고객이 다르게 느끼면 다른 것처럼 말이다.

구직자와 라포 형성에 실패하여 구직지가 찾지 않는 경우가 있다. 이럴 때 상담사는 자기효능감이 낮아지고 상담능력에 대한 회의감이 들 수 있다. 사실은 참여자의 특성일 수도 있는데, 특히 2유형을 맡은 동료 상담사는 이 부분으로 자주 고민했다. 고민을 한다는 것 자체가 발전적인 것이다. 이런 고민도 안 하는 상담사도? 아마 있을 것이다.

언젠가 인간이 할 수 있는 공감의 '최대치'라는 글을 본 적이 있다. 안타깝게도 인간이 발휘할 수 있는 공감의 양은 제한적이라고 한다. '감정노동'이라는 표현도 공감에 노력이 필요하다는 의미를 담고 있다. 실제로 감정을 타인에게 이입하는 시간이 길어지면 감정적으로 지쳐 더 이상 감정 반응이 일어나지 않는다고 한다.

그리고 국취에서 매일 많은 상담과 관련 업무로 치이다 보면 라포를 형성할 시간적, 마음적 여유가 없는 날도 많다.

화장실 갈 시간도 없이 바빴던 날, 상담을 마치고 술을 마신 것도 아닌데 인간시루떡이 되어 동료 상담사에게 농담 섞어 말을 건넸다.

"선생니이임, 우리 너무 바쁘죠? 이건 뭐 상담이 아니고 진짜, 라포는 먹는 건가요?"

나의 질문에 동료 상담사의 대답이 걸작이다.

"라포는, 짜 먹는 거?"

PLUS 교과서가 아닌 현장에서 라포를 형성하는 법	바쁘다고 하더라도 참여자와 상담사의 라포 형성이 어느 정도 되었는가에 따라 추후 참여자와의 커뮤니케이션이 좌우된다. 진심을 담아 얘기하면 상대방도 안다. 영혼 없이 하는 말과 알갱이 없는 대화는 라포 형성에 전혀 도움이 되지 않는다. 덧붙여 상담사는 참여자에게 한 말을 정확하게 지키는 모습을 보여줘야 믿음을 줄 수 있다. 목소리, 말투, 단어 사용 등 상담사는 말 한마디 한마디에도 상담사다운 격을 보여줘야 상담사도 존중받을 수 있다.

"국취갤러리, 그들도 참여자"

국민취업지원제도와 관련해 일* 같은 사이트가 있다고 했다. 나는 보지 않았다. 볼 시간도 없었고 보기도 싫었다. 보면 뭐하나, 힘만 빠질 건데. 그리고 안 봐도 어떤 분위기일지 예상이 되었기 때문이었다.

그런 참여자는 손에 꼽을 정도지만 초창기에 국취갤러리가 한창일 때 왔던 참여자들 중에는 첫 상담에서 왠지 국취갤러리를 보고 온 것 같다는 느낌을 줄 때가 있었다. 뭐라고 딱히 설명하긴 그렇고 정말 느낌적인 느낌이 있다.

그래도 굳이 얘기하자면 눈을 잘 안 마주친다든지, 말을 좀 내뱉듯이 한다든지, 결정적으로 본인 얘기를 거의 안 한다. 그냥 '수당 때문에 왔으니 그것만 해주면 된다'는 걸 온몸으로 표현한다고나 할까.

그 무렵 초기상담 때마다 어떤 참여자가 올까 살짝 긴장이 되었다. '혹시'라는 생각을 완전히 지우기는 힘들었다. 자라 보고 놀란 가슴마냥 폰만 만지작거려도 '녹음하나?' 신경을 안 쓸 수가 없었다.

한번은 초기상담을 시작하자마자 참여자가 주머니에 있던 폰을 꺼내서 책상 위에 엎어둔다. 그냥 넘어갈까 하다가 어라, 이것 봐라 싶어서 말했다.

"전화 받으실 일이 있나 봐요?"

"주머니에 있는 게 불편해서요."

차분하게 얘기하는 게 더 미심쩍다. 순간 당황스러웠지만 전혀 당황하지 않은 듯 더 태연하게 상담한다.

떠도는 소문에 수당만 받게 해주는 상담사가 좋은 상담사라는 얘기와 더 심한 말들도 많았지만 쓰지 않겠다.

그러다가 이런 생각이 들었다. 국취갤러리를 보고 오는 참여자도 국민이고, 내가 어쩔 수 없다. 어쨌든 그들은 우리와 '같이' 있고 마찬가지로 '가치' 있는 존재다.

그들과의 기 싸움에서 이기면 된다. 이긴다는 것은 상담을 더 프로페셔널하게 하고 실수하지 않고 우습게 보이지 않게 뭔가를 제공하는 것, 그러면 되는 것이다. 그래서 스스로가 하든 내가 시키든 취업까지 연결하는 것. 거기까지 하면 베스트다.

실제로 얼마나 효과가 있었는지는 모르겠으나 상담사 보호 문
구를 부착하고 나니 맘이 좀 편해졌다. 심리적 안전감이라고나
할까. 우리의 입장을 생각해 준다는 것만으로도 기분이 좋다. 이
럴 때 우리는 '일에 더 진심'이 된다.

수개월 쌓인 글 '순삭'…디씨 '국취갤러리 폭파 사건'의 전말[13]

디씨인사이드내 국민취업지원제도 갤러리

"부정수급 조장 · 상담사 비방글 문제"

고용부 요청에 수개월간 쌓인 게시글 '순삭'

---

13) https://www.hankyung.com/economy/article/202103112889i

일주일만에 운영 재개한 갤러리

"모니터링보다 부정수급 적발하라"

…(전략)… 구직수당 수급자와 예비 신청자들의 정보가 넘쳐나던 이 갤러리의 모든 게시물이 지난 3일 갑자기 사라졌다. 이유는 해당 갤러리의 존재를 뒤늦게 파악한 고용노동부의 '보이지 않는 손'이 작동했기 때문이다. …(중략)…

정부 부처가 특정 온라인 커뮤니티에 이런 조치를 취한 것은 매우 이례적이다. 하지만 그도 그럴 것이 야심차게 출범시킨 국민취업지원제도가 '현금 퍼주기'라는 지적을 받고 있는 마당에 최근에는 청와대 국민청원 게시판에 제도의 허점과 무리한 집행을 비판하는 내부자(상담사)의 폭로글이 올라와 소관부처로서 속을 끓이고 있었기 때문이다. 해당 청원 글은 11일 기준 1,300명이 넘은 동의를 얻었다.

정부가 '온라인 입단속'에 나섰다는 지적에 대해 고용부는 "단순 경험담이 아닌 위탁기관 상담원 비방글, 부정수급 조장글, 상담원 동의 없는 녹취 게시 등 사례가 있어 사이트 운영진에게 제보한 것일 뿐"이라고 선을 그었다. …(하략)…

출처 : 한국경제 2021. 3. 11.

"취업에 진심이니 구직촉진수당에 진심이니"

"이 제도, 취지가 좀 잘못된 것 같아요!"

들어온 지 두 달이 채 안 된, 신입 선생님 입에서 드디어 나왔다.

그래, 두말하면 입 아프지. 이 일을 하는 누구나 아는 사실이고, 그걸 아는 데 오랜 시간이 필요치 않다.

몇 달 후 그 선생님이 또 내게 얘기한다. 참여자가 6회 차 수당까지 받고 중단하겠다고 한단다. 그것도 카톡으로 보내왔단다. 전화하면 넘긴단다(받지 않고 종료버튼 누르는 것이다). 통화하자고 카톡을 보내니 일하는 중이니까 문자로 설명해 달란다.

상담사가 미치고 팔짝 뛴다. "이런 사람들에게 수당을 줘야 하나, 이 제도가 진짜 잘못된 거 아니냐" 하는데 해줄 말이 없다.

모든 학생이 공부를 하지는 않는다는 것을 알면, 모든 구직자가 취업에 열심이지는 않다는 것이 당연하게 받아들여진다. 특히 시스템이 그렇게 되어 있다면 더더욱.

⊕**PLUS**

참여자가
직업상담 기간 중
중단하겠다고
말했다면

이는 참여자와 상담사가 아직 라포 형성이 안 되어서
일 수도 있지만 그건 알 수 없다. 상담사 누구를 만났
더라도 중단을 했을 수도 있고 아닐 수도 있다.
반면 상담사의 노련함과 진심 어린 공감대 형성이 중
단을 막을 수도 있다.
중단은 상담사 누구에게나 일어날 수 있는 일이라서
최대한 조심하고 또 신경 쓰는 것이다.

공부를 안 해도 당장 시험을 안 치기 때문에 현타가 오지 않는
다. 취업을 하지 않아도 돈이 조금씩 생기기 때문에 최대한 버
틴다.

취성패부터 일했던 직업상담사들 사이에서는 왜, 취업지원을
주로 했던 취성패 제도에서 돈 주는 제도로 바꿨는지 의문이라
는 얘기가 자주 나온다.

취성패할 때는 그나마 알선해서 보람도 느꼈는데 지금은 그냥
참여자들 돈 챙겨주는 일을 하는 느낌이고, 더 힘든 건 달라질
게 없다는 현실이다.

모두 변화해야 한다고 생각은 한다. 하지만 변화를 위해 행동
하는 것이 쉽지 않다.

#믿었던 #도끼들 #발등통증

취성패 때도 그랬다 하고 이런 프로그램에 참여하는 구직자의 구직의지는? 기대한 것보다 더 없다.

처음에, 그리고 시간이 지나도 순간순간 이 일을 하면서 가장 이해할 수 없는 부분이다. 일을 하지 않고 산다는 게 있을 수 없는 나에겐 적잖은 충격이었다. 다들 각자 사정이 있겠지만 대체로 구직의지가 그다지 없다. 다시 생각해 보면 구직의지가 뜨겁다면 무슨 일이든 했을 것이고 어기 오지도 않았을 터.

구직촉진수당만 챙기고 지원이 없어지는 단계로 들어서면 연락두절이다. 사실 이 제도를 조금만 들여다보면 충분히 예상할 수 있다. 이럴 줄 몰랐다는 말을 하는 것 자체가 '나 순진해요' 하는 것이다.

상담사들은 몰랐다기보다는 알지만 그러지 않기를 바란다는 희망사항이다. 내 참여자만은 안 그러겠지 하는 기대다. '너를 그렇게 상담해 주고 챙겨줬는데, 설마 네가?' 하는 믿음이다.

그 설마가 역시로 바뀐다. 허탈하고 배신감이 밀려온다. 나 혼자 북 치고 장구 치고 상모까지 돌려서 머리가 아프다.

짝사랑을 끝내야 하는 시점이다. 정신 차리고 마음을 비워야 한다. 참여자는 이미 놓았고 나만 놓으면 끝나는 관계다.

나 역시 참여자가 상담 중간 갑자기 잠수를 타고 중단할
까 걱정하는 마음을 항상 가지고 있다.

하지만 내가 그러한 걱정으로 참여자를 바라본다면 그들
도 귀신같이 느낄 것이고, 중단할 생각인 참여자라면 애
초에 내가 눈치를 본다고 해서 마음을 돌리지 않을 테니
눈치 볼 필요가 전혀 없다.

대신 당당하게, 친절하게 참여자들을 대했고 그들의 의사
를 최대한 존중하려고 노력했다. 그렇게 그들이 모르는
부분을 전문가로서 조언을 주는 위치에 오르자 자연스럽
게 눈치 보는 마음이 사라지고 그들도 나에게 하나라도
더 도움을 받으려고 했다.

결국 그들에게 실질적인 도움을 주는 것, 여러 가지 면에
서 참여자보다 더 많이 아는 전문가라는 인식을 심어주
는 것이 포인트다.

"구직촉진수당 다 받고
취업할 거예요"

G는 고졸에 전산회계1급, 전산회계운용사3급, 전산세무2급, ITQ, 컴활2급 자격증을 가진 참여자였다. 고등학교 졸업 후 취업을 어디에도 안 한 것이 의문일 정도였다.

첫 상담 때부터 늦었는데 하얗고 예쁘장한 얼굴에 네, 아니오로 대답만 조용조용 얘기해서 얌전한 성격인가보다 했다. 가지고 있는 자격증에, 나이도 어리고. 스펙만 보면 일반회사 총무 경리직 취업 1순위였다. 그런데 취업활동계획 수립 후 구직활동 2회를 챙기는데 뭔가 싸한 느낌이 들었다.

물론 매월 구직활동 2회를 스스로, 알아서, 나 없이도 미리미리, 잘하는 참여자는 얼마나 될까? 불행하게도 거의 없다! 모두, 모든 과정이 내 손이 가야 한다.

그렇다 해도 G는 뭔가 느낌이 달랐다. 카톡 확인도 며칠이 지나야 했고, 도대체 뭘 하고 지내는지 전혀 알 수가 없었다. 물어도 대답을 잘 안 하기 때문이다. G는 일하지도 않고 일할 의지도 없는 전형적인 니트NEET족이 아니었을까.

다행인지 뭔지 구직촉진수당 신청서를 쓰러 한 달에 한 번 꼬박꼬박 오긴 했다. 온라인으로 신청이 가능하다는 것을 아는 참여자 일부는 온라인신청을 하기도 하는데 G는 아마도 몰랐거나 아니면 수당을 받기 위한 최소의 노력으로 내게 온 것이 아닐까 싶다.

상담 횟수가 거듭되도 언제나 첫 상담인 양 말없이 내 얘기만 들었다. 묵비권에 가까운 자기방어였다. 나중에야 알았다. 당장 취업할 생각이 없다는 속내를 들키지 않으려고 최대한 말을 아꼈다는 것을.

5회 차 구직촉진수당을 쓰러 왔다. 참다 참다 그날은 도저히 안 되겠다 싶어서 물었다. 무슨 일 있냐고, 안 좋은 일 있냐고.

위장병으로 며칠 전에 입원했었단다. 아, 위장병요. 6개월 내내 쭉 위장병 때문에 입원한 건 아니었을 텐데…. 그리고 중학교 때부터 매운 것 좋아해서 즐겨 먹었고 그래서 어쩌고저쩌고…. 그것이 6개월 상담 중 가장 길게 나눈 대화였다.

다음 달이 되었다. 6회 차 수당신청을 앞두고 전화로 일경험 프로그램을 안내하며 신청을 하겠냐, 참여의사가 있으면 오셔서 수당신청과 같이 하시면 되겠다고 하니 일경험은 인터넷으로 좀 알아보겠단다. 내 말보다 네이버가 더 믿음이 가나? 그러면서 수당신청서만 먼저 보내달란다. 몇 시간이 지나니 빨리 보내달라고 내게 처음으로 이모티콘을 보내며 난데없는 애교를 떤다.

나의 촉이 맞았다. 6회 차 수당지급이 끝나기 무섭게 G는 잠수를 탔다. 세계에서 가장 깊은 바다가 마리아나해구의 챌린저해연으로 약 1만 1,000m 정도라 하는데 G는 아주 빠른 속도로 거기에 도달한 듯했다. 전화도 안 받고 채용정보를 줘도 카톡 확인도 안 했다.

살면서 거절에 익숙하지 않은 나는 적잖이 황당했다. 채용정보를 주면 대부분은 형식상, 예의상이라도 "감사합니다" 한마디는 하는데 그것도 하기 싫었나보다. 카톡에는 숫자 1이 쌓여갔다. 그럴 줄 알았지만 마음이 쉽게 풀리진 않았다.

내 경우는 그래도 양반인 것인가. 동료 상담사 얘기를 들으니 상담에 와서 대놓고 자기는 "수당 다 받으면 취업할 거"라고 했단다. 오 마이 갓! 만약 내 참여자가 면전에서 그랬다면 나는 뭐라고, 아니 무슨 표정을 지어야만 할까.

"300만 원 일단 받고 보자"…국민취업지원제도 20만 명 몰렸다[14)]

저소득 구직자와 청년, 경력단절 여성 등 취약계층에게 1인당 300만 원씩 지원하는 국민취업지원제도 신청자가 20만 명에 달하는 것으로 집계됐다. 제도 시행 한 달 만이다. 올해

이 사업의 예산은 총 59만 명분이다. …(중략)…

총 300만 원을 받을 수 있는 1유형은 '최근 2년 이내 100일 또는 800시간 일한 경험'이 신청 요건이다. 지난 2년 동안 약 3개월만 일한 경험이 있으면 구직 의사가 있는 것으로 판단하겠다는 취지다. 청년과 경력단절 여성은 취업 경험이 없어도 된다.

정부는 물론 신청자가 제출한 취업활동계획서에 근거해 월 2회 이상 구직활동 이행 여부를 점검하겠다지만 관련 인력이 부족해 사실상 행정력이 못 미친다는 게 고용부 직원들의 토로다. 게다가 구직이나 창업준비 활동으로 관련 시장조사와 교육 참가 등도 인정하기로 해 사실상 구직활동 점검이 요식 절차에 그칠 가능성이 적지 않다. …(후략)…

출처 : 한경 2021. 2. 7.

이 제도를 만들 때 몰랐을까? 만약에 이것을 예상 못 하고 설계했다면 아마추어다. 그보다는 알고 만든 것이다. 돈을 주는 것도 취지인 거다. 나는 그렇게 생각한다.

국민취업지원제도는 '한국형 실업부조'다. 여기에 핵심이 있다. 정부 예산으로 수당을 지급한다는 것이다. 이 제도의 취지가 비용지원에 무게중심이 있다면 우리 상담사들도 그에 충실한 역할을 할 수밖에. 알고도 모르는 척, 뻔히 눈에 보여도 못 본 척 하

---

14) https://www.hankyung.com/economy/article/202102076999i

는 것이다.

나를 수당상담사로 대하는 참여자에게 나는 수당상담사가 되기로 한다. 하지만 나를 직업상담사 또는 그 이상으로 대하는 참여자에게 나는 직업상담사 또는 그 이상이 되기로 한다.

취업 의지가 있고 내 에너지를 쏟아 도움이 되는 것이 확실하면 그런 참여자에게 더 집중한다. 상대방이 원하고 바라는 대로 해주는 것이다. 모든 관계는 상호작용한다.

66 '우리 참여자가 달라졌어요' 국취 상담 99

이런 기분일까?

"우리 학원에 다닌 ○○○가 스카이(SKY) 대학에 붙었어요."

정말 그 학원에 다녀서 SKY 대학에 합격했을까? 우린 안다. 원래 SKY 대학에 들어갈 실력의 아이가 그 학원에 간 거라는 걸. 뭐어찌 됐건 나에게 감사하다고 연락 오면 기분이 좋다.

취업, 그것도 조기취업한 참여자는 어떤 공통점이 있을까? 이는 내 참여자를 기준으로 한 나의 주관적인 관점이다.

조기취업한 참여자들의 공통점

• 취업 의지가 높다.

• 분위기가 밝다.

• 모나지 않고 무난한 성격이다.

• 두루두루 여러 가지 면에서 치명적인 단점이 없다.

• 예의 바르다.

나에게 예의 바르게 대했다는 것은 다른 모든 사람에게도 비슷하게 잘 했을 거라는 얘기다.

초기상담이 끝나면 궁금한 것 있을 때 편하게 연락하라고 한다. 정말 편하게 토요일, 일요일, 공휴일도 없이 카톡이 온다. 거기까진 좋다. 카톡을 보내면서도 쉬는 날 죄송하다며 예의가 느껴지는 참여자가 있는가 하면, 정말 무개념으로 물어본다는 느낌을 주는 참여자도 있다.

앞뒤 다 자르고 인사도 없고 본인 궁금한 것만 다짜고짜 물어본다. 당장 궁금하니 물어보겠지 싶어 답변은 해주면서도 '다른 일에도, 다른 사람에게도 이러지 않을까? 구직과정이나 취업 후에도 이러지 않을까?' 안타까운 생각이 든다.

다른 사람한테는 안 그런다고? 사람 봐가면서 대한다면 그게 제일 '하급'이다.

사람은 마음을 잘 써야 한다. 고마운 일에 고마워하고, 사람의 인연을 소중하게 여기고, 상대방을 존중하면 스스로도 소중한 존재로 존중받는다.

적극적인 취업 의지와 따뜻한 마음을 가진 참여자를 만났다면 이제 그들을 조기취업을 위한 길로 안내할 순서다.

국민취업지원제도 상담 순서를 알아보자.

구분	취업지원서비스 기간 : 최대 12개월(최대 6개월 연장 시 18개월)		
	취업활동계획 수립		취업지원 및 구직활동지원 프로그램 운영 기간	집중 취업알선 기간
	기본	연장	기본	기본(의무 운영)
기간	1개월	7일	8개월	3개월

출처 : 2022년 한국형 실업부조 국민취업지원제도 업무매뉴얼(고용노동부, 2021)

2022년부터 1, 2유형 모두 취업지원서비스가 단계별 구분 없이 통합적으로 제공됨에 따라, 취업지원서비스는 '취업활동계획 수립 기간 – 취업지원 및 구직활동지원 프로그램 운영 기간 – 집중 취업알선 기간 – 사후관리 기간'으로 구분된다.

참여자가 직업훈련을 시작하면 한 달에 한 번 이상 대면 또는 비대면 상담을 진행해야 한다. 훈련 중 어려운 점 등을 체크하여 최종 수료할 수 있도록 동기부여를 해주고 라포 형성을 유지해야 한다.

2유형은 한 달 단위로 출석 80퍼센트를 확인하고 훈련참여수당도 신청해 줘야 한다.

직종이 바뀌거나 추가되는 경우, 훈련이 추가되는 경우 등 변경 사항이 생기면 취업활동계획 수정을 해야 한다.

국취 상담 과정에서 '중단'이 되는 것을 가장 꺼리게 되는데 그렇기 때문에 라포 형성은 필수다. 특히 훈련 종료 후 연락 두절을 조심해야 하는데 훈련만을 목적으로 오는 참여자도 있기 때문이다.

중간에 연락 두절은 시간 낭비와 실적 감소로 이어지지만 이것에 대한 고충을 인정해 주지는 않는다.

직종을 정해 훈련을 받는다고 할 때 현실적으로 무리가 없으면 나는 일단 해보라고 한다. 그래야 미련이 남지 않기 때문이다. 해보지 않으면 알 수 없다. 뚜껑을 열어봐야 내 길인지 아닌지 알 수 있다.

나 역시 그런 경험이 있었기 때문이다. 1년에 한 번씩 마음속 바람이 이는데 어쩌겠는가. 결국 스물일곱 되던 해, 디자인 학원에 찾아갔고 1년 과정을 거쳐 그 업으로 들어섰다.

⊕ PLUS

도움도
연령에 따라
맞춤식으로

직업상담을 하면서 다양한 연령층을 만나게 되다 보니 연령별 클리닉 노하우도 달라지게 된다.

청년층은 직업선택에서도 본인이 결정권을 가지고 싶어 하는 경향이 크다 보니 당장의 '취업 자리'보다는 '취업 정보'를 더 원한다. 단 본인이 몰랐던 '새로운 정보'여야 한다.

그래서 청년층을 클리닉하는 상담사는 단순 인포메이션(infomation)을 넘어 경험이나 분석을 통한 인사이트(insight)를 전해주어야 참여자의 니즈를 맞춰줄 수 있을 뿐더러 전문가로 인정받을 수 있다.

개인차는 있지만 중장년층은 '당장의 취업 자리'를 요구하는 경우가 많아서 이때는 약간 직업소개소 같은 느낌의 상담이 되기도 한다. 그래서 중장년층은 본인이 만족할 만한 취업 자리를 직업상담사가 '알아서' 한 번에 '딱' 보여줄 때 상담 만족도가 가장 높다. 물론 그렇게 하기 쉽지 않다는 것이 문제.

TIP
직업상담 전문가 되는 사이트

아래 사이트를 매번 모든 참여자에게 다 사용하는 것은 아니다. 국민취업지원
제도에서는 더더욱 그렇다. 그럼에도 불구하고 직업상담사는 많이 알아야 한
다. 그리고 필요하다고 생각되는 참여자에게 적절하게 제공한 후, 스스로 찾
게 해야 한다.

전반적인 흐름을 알 수 있기 때문에 정기적으로 들어가면 좋다.

사이트마다 많은 내용이 있고 계속 업데이트되고 있기 때문에, 각자 필요한
부분을 선택 집중하여 내 것으로 만들면 된다. 그래도 특히 살펴보면 좋은 파
트는 일부 언급하였다.

- 고용노동부 : moel.go.kr/policy/policydata/list.do

  = '정책자료'가 좋음

- 나라일터 : gojobs.go.kr

- 금융감독원 전자공시시스템(DART) : dart.fss.or.kr

- 사람인 : saramin.co.kr/zf_user/career-information/senior-list

  = 커뮤니티에서 '현직자인터뷰'가 좋음

- 공공기관 경영정보 공개시스템(알리오) : alio.go.kr

- 여성가족부 : mogef.go.kr

- 산업통계 분석시스템(ISTANS) : istans.or.kr

- 공공기관 채용정보시스템(잡알리오) : job.alio.go.kr/recruit.do

- 잡코리아 : jobkorea.co.kr

  = '직무분석'이 좋음

- 잡이룸 : joberum.com/plan/dic/duty01.asp

  = '직무사전'이 좋음

- 캐치 : catch.co.kr
- 커리어 : career.co.kr
  = 잡코리아 같은 취업포털. 회사명은 ㈜커리어넷. 아래의 커리어넷 사이트
  와 다르다. 이름이 비슷해서 헷갈리기 쉽다.
- 커리어넷 : career.go.kr
  = 한국직업능력연구원에서 운영
- 한국직업능력연구원 : krivet.re.kr

TIP
알아두면 쓸모 있는 신선한 잡(JOB)용어

청년내일채움공제, 취업성공수당, 조기취업성공수당(2022년 신설), 일경험
프로그램, 고용촉진장려금, 취업이룸 통장….

일반인에게는 생소한 단어들이 많다. 실제로 직업상담 현장에서 쓰는 것들로
신입 상담사라면 미리 검색해 기본 내용이라도 알아두면 좋다.

신입이라고 해서 "그게 뭐예요?"라고 묻는 것보다는 "네, 알죠. 그거 ~하는
거잖아요"라고 말하는 게 훨씬 낫다. 혹시 직업상담사로 취업 시 면접 때 물어
볼 수도 있고, 당장 입직 후 일하게 되면 참여자가 물어볼 수도 있으니까.

세부 사항들은 조금씩 바뀔 수 있으므로 필요할 때마다 확인해 두는 습관을
들이는 것이 좋다.

6장

내가 만난 90년대생들

"몇 년생이요?"
우리 할아버지, 할머니 세대에서 사람들을 만나면 자주 묻는 질문이다.
우리 때는 그냥 나이를 말했다.
요즘 다시 몇 년생인가가 중요해졌다.
이렇게 '세대'라는 단어가 뜨겁게 화두에 올랐던 적이 있었던가?
이전과는 확연히 다르게 빨라진 시대 흐름과
그 속에 다양한 특성을 가진 세대가 공존하는 것.
그 상황이 바로 지금이기 때문이다.

• • •

"90년대생이 왔다, 만났다 그리고…"

"낯선 것과의 조우를 통해 이성이 시작된다."

독일 철학자 하이데거가 했던 말이다. 나에게는 90년대생이 낯선 존재로 다가왔다. 국민취업지원제도 1유형 청년 선발형이 18세부터 34세인데 주로 90년대생들이다. 익숙하지 않은 낯섦과 만난다는 것은 이전과는 다른 세상을 보고, 느끼고, 생각하게 된다는 것을 의미한다. 낯설게 다가온 90년대생을 통해 생긴 새로운 생각은 나로 하여금 질문하게 하고, 그 질문의 답을 찾는 여정으로 이끌었다.

어떤 한 사람이 있다. 그 사람에 대해 완전하게 또 정확하게 분석해서 "그 사람은 이렇다"고 얘기할 수 있을까? 없다. 본인 스스로도 자기에 대해 완벽하게 알 수 없다. 하물며 어떤 세대를 평한다는 것은 아무리 잘해본들 코끼리의 일부를 만져보고 얘기하는 것이다.

당연한 것이다. 사람마다 다 다르기 때문에 하나의 공통성만으로 모두를 이해할 순 없다. 그럼에도 불구하고 그것은 최대한 이해를 해보고 싶다는 노력이고 이 자체가 특정한 한 세대에 대한 관심이다.

취업 걱정 없고 풍족한 90년대생도 있을 것이다.

국민취업지원제도에서 내가 만난 90년대생들의 키워드는 '경쟁, 공정, 안정성, 한탕, 무기력, 생존'이다.

어떤 90년대생은 무한경쟁 속에서 학습된 무기력을 느껴 한탕을 기대하거나 부러워하며 생존하길 바란다. 또 다른 90년대생은 무한경쟁 속에서 공정에 예민해지고 안정성을 추구하며 생존하길 바란다. 나머지 90년대생은 무한경쟁 속에서 아무것도 안 하는 것처럼 보이지만 마찬가지로 생존하길 바란다.

모든 90년대생 구직자들은 무한경쟁 속에서 생존과 사투 중이다.

#무한경쟁 #자기계발 #그래도 #대체가능

청년들 열에 한두 명이 고민하는 문제면 그건 자신에게 원인이 있지만, 열에 여덟아홉 명의 고민거리라면 그것은 사회구조의 문제다. 그렇다면 문제를 풀 때 우리를 바꿀 것이 아니라 사회 구조의 잘못된 부분을 들여다보고 손을 대야 한다. 노력은 개인적인 것이고, 노력을 권장하려면 구조적으로 이용당하지 않게 하는 시스템이 선행되어야 한다.

이런 것 없이 긍정적 사고가 모든 사람에게 부과된 의무인 것처럼 90년대생들에게 그저 '낙관적, 긍정적으로 노오력을 해보세요'라고 말하는 것이 얼마나 공허한지 안다. 하지만 그렇다고 '사회구조가 그러니 네가 어떻게 해도 안 될 거야'라고 말해줄 순 없지 않은가.

자기계발서가 끊임없이 나오고 팔리는 이유는? 사회구조는 내가 혼자서, 지금 해결할 수 있는 게 아니니까. 나를 바꾸는 건 그래도 내가 어떻게든 애를 쓰면 될 것 같으니까.

나도 자기계발서를 좋아한다. 20대부터 손이 먼저 간 것이 그런 분야였다. 그게 알고 봤더니 내 세대가 할 수 있는 유일한 선택이었다는 것에 당혹스러웠지만.

모든 사람이 자기계발서를 읽고 성공하고 행복해졌다면 자기계발서는 더 이상 나오지 않았을 것이다. 물론 자기계발서로 성공한 사람이 있다. 그 책을 쓴 사람, 그리고 따라 해서 성공했다고 하는 극소수.

성공하지 못한 사람은 책에서 알려준 대로 100퍼센트 하지 않았기 때문이라고 말할 수 없다. 현실은 그렇지 않기 때문이다.

미국의 저널리스트 토머스 프리드먼은 《세계는 평평하다》라는 책에서 21세기는 IT 혁명을 통해 하나가 되고 경계가 사라지는 무한경쟁시대이기 때문에 "평평한 세계에서는 모두가 대체할 수 없는 사람이 되어야 한다. '대체할 수 없는 사람'에 대해 내가 내린 정의는 '그의 일을 아웃소싱할 수 없는 사람'이라는 뜻이다" 라고 했다.

처음에는 '대체할 수 없는'이라는 말이 그렇게 있어 보일 수가 없었다. 하지만 지금은 생각이 바뀌었다. 우리 대부분은 '대체 가능하다'. 다른 사람으로 대체 가능하고 나중엔 인공지능이 나를 대체할 수도 있다. 지구상에 '대체할 수 없는' 사람은 누구나가 다 아는, 손가락에 꼽는 그 몇 명 정도 아닐까.

앞으로 우리가 마주할 세상은 인류 역사상 그 어느 때보다 치열한 경쟁의 시대가 될 것이다. 그래서 자기계발서를 덮는 순간 현실을 마주하면 다시 무한경쟁 분위기 속에 낙담하거나 또는 매우 이기적이어야 내가 편한 현실과 타협하는 것일 수도 있다.

그리고 이러한 불안감과 자기계발은 90년대생과 기성세대가 가지는 공통분모다.

"90년대생이 살아가는 법"

　참여자 Y를 처음 상담했던 날이 기억에 남는 이유는 일부러 그런 것이 아닌 게 분명한데 숨길 수 없는 시니컬함이 묻어나왔기 때문이었다. 이력서와 자소서의 중요성, 취업에 대한 진정성 등을 언급하는 나에게 목소리 반, 답답함 반으로 얘기했다.

　"저도 처음에 정말 열심히 준비하고 엄청 신경 써서 썼는데 아니더라고요. 백도 있어야 하고 저처럼 별로 그런 게 없는 사람들은…. 그래서 제일 그래도 공정하고 내 실력으로 할 수 있는 게 이거 아닌가…."

　민간기업 취업 준비를 하다가 경시생(경찰공무원시험 준비생)으로 돌아서게 된 이유였다.

　나중에 들은 얘기로는 지원한 중견기업 최종 면접에서 임원진이 합격 연락을 주겠다는 말까지 듣고 집에 왔는데 결국 안 되었단다. 회장님 보고 후 판이 바뀐 케이스인데 Y는 아마도 당시에 뭔가가 작용했다고 믿고 있는 듯했다.

이 사건을 계기로 그가 생각하는 공정함이라는 그릇에 금이 간 것이 아닐까. 아니면 불공정하다는 오해였을까.

●● 공정 VS 불공정

6월 21일. 인터넷 뉴스와 포털 사이트 전면을 '25세 1급 비서관' 소식이 화려하게 장식했다.

'또 한번 속을 뒤집는구나. 나도 열받는데 그들은 어떨까?'

며칠 후 Y에게 그 뉴스 봤냐고 물었다. 봤단다. 어떻게 생각하냐고 물었다. 즉각적이고 긴 대답은 하지 않았지만 '다들 생각하는 대로'라는 표정과 함께 "뭐 백이나 줄이 있었겠죠"라고 덤덤하게 대답한다. "욕이란 욕은, 다 듣고 있던데요"라는 말을 차분하게 덧붙이며.

"아니, 평범하대요. 뉴스 기사 보니 부모님이 ○○에서 꽃집 하시고."

"우리가 모르는 뭔가 있겠죠."

너무 담담하게 말해서 조금 당황스러웠다. 이미 그들만의 리그가 있다고 확신한 사람들에게서 느껴지는 새삼스럽지도 않다는 뉘앙스였다. 다 그렇지 뭐, 놀랍지도 않아.

《정의란 무엇인가》로 우리나라 사람 중 책 좀 읽는 사람이라면 익숙한 이름의 마이클 샌델 교수는《공정하다는 착각》이라는 책으로 다시 나타났다. 그는 이 책을 통해 "우리가 '노력하면 성공할 수 있다'고 너무나도 당연히 생각해 왔던, 개인의 능력을 우선시하고 보상해 주는 능력주의 이상이 근본적으로 크게 잘못되어 있다"고 주장한다. 대한민국에서 '공정'이 이렇게나 이슈가 될 줄 그는 예견했었나 보다. 바로 베스트셀러가 된 걸 보면.

●● 안정성이 밥 먹여주더라

우리 때 부모님들은 "여자는 선생님이나 공무원이 최고"라고 하셨다.

집 앞에 교대가 있었다. 그래서 더 가기 싫었다. 새로운 곳에서 캠퍼스의 낭만을 즐기고 싶었다.

지금은 땅을 치고 후회한다. 역시 어른들 말씀을 들어야 한다. 내가 몇 년만 늦게 태어났다면 IMF를 거치면서 사회 분위기상 안정성을 고려해 교대에 갔을 수도 있다.

고등학교 스쿨버스를 타고 가는 길에 있던 지역 최고의 국립대도 시시해 보였다. 나는 Y대를 가려고 했다. 딸을 곁에 두고 싶었던 아빠는 세대를 뛰어넘어 아빠들은 다 딸바보다 '집 앞에 교대…'라고 슬쩍 말을 꺼냈다 내게 단번에 커트 당했다. 엄마도 혼자 서울에서 어떻게 살겠느냐고 했다. '그것도 여자애가'라는 말은 덤이었다.

솔직히 나도 좀 막막하여 안정성을 추구하는 황소자리답게 생각을 바꿔 결국 우습게 보던 국립대에 갔다.

부모님은 그때 나를 더 확실하게 설득을 하거나 아니면 도전 정신을 북돋아 줬어야 했다.

시대를 막론하고 공무원 예찬론은 있었다. 라떼까지만 해도 고등학교가 최종학력인 경우가 많았다. 공무원이 아니더라도 친척 고모 중에 상업고등학교를 졸업하고 농협에 들어가 젊은 나이에 지점장이 된 경우도 있고, 지방 은행에서 일하며 야간대학을 나와 기술보증기금에서 오래 일하시다가 퇴직한 고모부도 있다. 과거 안정적인 직장의 대표 사례다.

평생직장은 없다고 하는 시대에 90년대생의 많은 수가 '공정성'을 이유로 연공서열과 정년이 보장되는 공기업이나 공무원에 올인하는 것은 시대적 모순이다. 하지만 그 이유는 공정성과 안정성 두 마리 토끼를 손에 안겨주고, 평생직장까지 담보하며, 미래에 대한 불안을 없애주는 직업이 또 있을까 싶어서다.

그리고 공무원시험의 공통 과목이 국어, 영어, 한국사인 것도 공무원시험 열풍에 한몫한다. 이미 고등학교 때 공부한 거라 조금만 더하면 될 것 같아 보인다. 그래서 그때나 지금이나 많이 몰린다.

결국 90년대생의 특징이 아니라 모든 세대의 공통점이고 시대가 만들어 낸 자연스러운 결과물이다. 유난히 자유분방하고, 유난히 폐쇄적인 세대는 없다. 모두 비슷한 사람들이다. 지금과 같은 사회경제 상황이라면 90년대생이 아니라 그 어느 세대라도 동일한 현상을 낳았을 것이다.

●● 비트코인과 부동산

이제 네 살 된 조카를 가끔 돌봐주러 간다는 참여자 L. 본인은 결혼 언제 할 거냐고 물으니 "취업하면"이라며 쑥스럽게 웃는다.

그러면서 자신의 군대 친구가 작년에 결혼할 때 부모님이 ○○에 사주신 아파트 가격이 5억이나 올랐다고 자랑한단다. 원래도 자랑하는 걸 좋아하는 친구인데 그 이야기를 듣고 배가 아프더란다. 묻지도 않았는데 지인들 얘기가 한 명 한 명 이어진다.

비트코인 초창기에 200만 원으로 코인을 시작한 아는 후배는 얼마 전 보여준 통장에 10억이 찍혀있더란다. 현금만 그 정도라 한 20억 원 번 것 같더란다. 버스비도 없어 걸어 다녔는데 이제 부모님 집 사드리고, 누나 옷 가게 차려주고, 외제 차 사주고, 본인은 얼마 전 편의점 차리고 벤츠 타고 다닌다고 한다. 강남에 사는 어떤 친구는 부모님이 원래 부자라 외국에서 공부하고 있다는 이야기까지 했다.

그러면서 잘사는 사람들을 보니 두 가지인 것 같다고 말한다.

'본인이 열심히 공부해서 좋은 대학을 가든지, 부모님이 돈이 많아 지원을 받든지'라고 깔끔하게 결론을 낸다.

구직촉진수당 5회 차 신청서를 쓰고는 시간이 정말 빨리 가는 것 같다며 '선생님을 얼마 전에 뵌 것 같은데'란 말에 나도 '시간이 이렇게 갔나' 하며 다음 상담 일을 기약한다.

한 달 뒤, 6회 차 구직촉진수당 신청 겸 방문상담을 온 L. 취업 관련 상담을 마치고 지난번 후배 얘기가 다시 나온다.

얼마 전 ○○○ 주식 공모를 했는데 4억 정도를 넣고 이틀 만에 300만 원을 벌었다고 자랑했단다. 어머니가 예전에 몸도 많이 아프시고 했는데 이제 여유로움이 묻어나고 몸도 덜 아프신 듯 보인다고 한다. 그런데 그 후배는 비트코인 한다고 스트레스를 받았는지 머리가 많이 빠져 병원에 다닌다고 한다.

여자 사람친구 얘기도 덧붙인다. 시부모님은 ○○에 살고 □□에 아파트가 세 채라 하나는 아들, 며느리 줬다고 한다. 결론은 시집 잘 감. 그러면서 누나네는 전세로 살고 있던 집이 4억이었는데 지금 두 배로 올라 '그때 좀 무리해서 살 걸' 후회한다고 했다.

이렇게 흥미로운 지인들이 주변에 많다니, 어메이징이다. 놀랍지만 모두 팩트라는 거.

"그래도 꼬박꼬박 들어오는 월급의 힘을 무시할 수 없다. 각자에게 맞는 재테크 스타일이 있는데 일단 취업해서 월급 잘 모아 목돈이 좀 생기면 본인이 하고 싶은 투자를 해봐라."

L은 내 말에 고개를 끄덕이고 맞다며, 그런 것 같다고 미소를 지었다.

●● 학습된 무기력

유명 일화로 '서커스단의 코끼리'가 있다. 처음에 어린 코끼리를 잡아오면 말뚝에 쇠사슬을 연결해 다리에 채운다. 어린 코끼리는 처음에는 격렬하게 저항하지만 끊지 못하는 걸 알게 되어 순응한다. 그 후 어른 코끼리가 되어서 썩은 나무 말뚝에 새끼줄로 묶어놔도 저항하거나 도망치지 않는다. 어릴 때 "어떻게 해도 이걸 끊지 못한다"는 게 각인되어 있기 때문이다.

또 다른 사례로 벼룩을 통에 넣어 뚜껑을 닫은 채 두면 원래는 충분히 뛰어넘을 수 있는 높이임에도 뚜껑에 계속 부딪히다 보니 이후에는 뚜껑을 열어놔도 뚜껑 높이까지밖에 뛸 수 없어 나오지 못한다.

'학습된 무기력learned helplessness'은 심리학에서 잘 알려진 단어이다. 마틴 셀리그만Martin Seligman이 동료 연구자들과 회피 학습을 통한 공포의 조건형성을 연구하다가 개에게 관련 실험을 하여 발견한 것으로 '학습된 무력감'이라고도 한다. 심리학자 도널드 히로토는 인간을 대상으로 실험했다.

여러 가지 실험에서 동물이든 사람이든 피하거나 극복할 수 없는 상황에 반복적으로 노출되면 사실은 자신의 능력으로 피하거나 극복할 수 있음에도 불구하고 포기하는 것을 볼 수 있었다. 교육 분야에서도 마찬가지다. 90년대생도 그랬을 것이다.

어릴 때부터 과도한 경쟁이나 선행 학습을 하면서 이로 인해 학습된 무기력을 지니게 될 경우, 계속되는 학업 성취에 있어 자신감을 잃고 잠재력을 발휘하지 못하여 쉽게 학업을 포기하게 되며 이는 대학입시로 연결된다. 본인의 희망과 다른 진로, 적성, 학과, 전공은 계속된 실패만을 만드는 요소로 느껴지게 된다.

취업준비 기간이 길어진 구직자, 경력단절이 오래된 주부도 그렇고, 공시생의 경우 불합격의 충격까지 더해진다. 이렇게 대부분의 참여자가 학습된 무기력을 느끼고 있다. 이 경우 어떻게 상담해야 할까?

일상에서 겪는 학습된 무기력은 스스로 이겨낼 수 있는 것이 아니다. 스스로 하면 좋지만 안 되면 주변에서 부추겨서라도 어떤 시도를 해야 한다. 거기서 성공 경험이 쌓이게 될 때 비로소 학습된 무기력에서 빠져나올 수 있다.

좀 더 보태면 상담을 통해 참여자를 세부적으로 파악하여 그가 가지고 있는 가능성을 일깨우고 실행할 수 있도록 도와주는 것이 중요하다.

●● 지치는 것도 지친다

초기상담을 하고 얼마 되지 않아 Y가 한 말 중, 내용은 새삼스럽지 않은데 오래도록 내 기억에서 지워지지 않은 말이 있다.

"예전엔 저도 결혼하고 애 낳고 이런 게 당연하다고 생각했는데 지금은 모르겠어요."

대학교 때 MT로 전국 유명한 산에 많이 갔다. 동아리에서는 뭐 한다고 부회장까지 맡으면서 정말 열심히 놀았던 것 같다. 졸업 후에는 연애도 하고, 사실 여한이 없을 정도로 20대를 후회 없이 보냈다.

그런데 지금 청춘들은 대학생이 되는 동시에 취준생이 된다. 연애도, 결혼도, 출산도 포기한다는 삼포세대라는 말이 나온 지한참 되었다. 요즘은 이 단어를 잘 쓰지도 않지만 현상은 더욱 악화되고 있다. 오포세대(삼포+내 집 마련, 취업 포기), 칠포세대(오포+꿈, 희망 포기)까지 추가되니 말이다.

이것이 젊은 사람들만의 문제가 아니라 부모의 짐이라는 사실을 생각하면 크나큰 사회적 문제다. 앞서 L의 지인들 사례처럼 부모 능력이 곧 자식 능력으로 대물림되는 세상인 것이다.

#포기할까 #노오력할까 #비혼

"그냥 도서관에서 책 정리하고 그런 일도 좋겠다 싶어요."

책 좋아하는 Y가 이런저런 얘기 끝에 던진 말이다. 도서관 사서로 취업하는 것도 물론 녹록지 않은 현실이지만, 나는 Y가 정말 그 일을, 지금 간절히 원한다는 게 아닌 걸 안다.

포기를 하는 것이 아니라 포기를 당하는 일들을 경험하고 있는 세대. 노력해 봐야 돌이킬 수 없는 상황…. 흔히들 당장은 힘들 수 있지만 길게 보면 아무것도 아닐 수 있다고 말한다. 그런데 길게 봐도 힘들지만 당장은 더 죽을 것 같다.

결혼만 해도 그렇다. 얼마 전 한 연예인이 농담으로 한 얘기지만 "우리 때는 결혼이 유행이었다". 그 말은 당연히 하는 것이었다는 의미가 내포되어 있다. 당시에도 결혼을 꼭 해야 되냐는 말은 있었지만 지금처럼 '안 해도 된다'가 반을 넘진 않았다. 그것이 경제적인 문제든 가치관이 변한 것이든 말이다.

혹시 우리는 정상적인 가정을 꾸릴 수 있는 마지막 세대가 된 건 아닐까.

"70년대생 vs 90년대생"

●● 이병헌은 지금도 멋있다

나는 X세대다. 언론에서 그렇다고 한다.

세대 얘기는 관련된 내용이 많다. 책만 해도 그렇다. 몇 년 전 출간된 《90년대생이 온다》가 주목을 끌더니 최근에는 《결국 Z세대가 세상을 지배한다》는 책도 나왔다.

이제는 서로들 내가 주인공이라고 우기는 모양새라고 해야 할까. 두 눈 시퍼렇게 뜨고 있는 X세대가 가만히 있을 수 없다. 《영포티, X세대가 돌아온다》고 맞불을 놓는다. 인터넷 검색만 잠시 해봐도 세대 얘기는 차고 넘치므로 여기서는 잠시 내 경험만 소환하고자 한다.

대학 시절, 기억나는 광고가 있다. 그래, 맞다. 이병헌과 김원준이 모델로 나와 "나는 누구인가? 나, X세대"라고 하던 바로 그

카피가 대한민국에서 X세대를 지칭한 최초였다. 당시 압구정동 오렌지족을 뉴스와 잡지에서 접하는 건 일상이었고 나 역시 록카페에서 포켓볼을 어지간히도 쳤던 기억이 난다.

4년 내내 캠퍼스의 낭만을 제대로 즐겼다. 나는 2지망으로 합격한 탓에 학과에 정을 두지 못하고 동아리 활동만 했다. 지금 생각하면 어린 치기에 '난 너희들과 딜라' 하는 자격지심이 있었던 것 같다. 그렇게 시간은 흘렀다.

졸업반이 되어 취업할 때가 다가오자 과사무실로 대기업들 원서가 들어왔고 동기들은 관심 있는 기업을 나눠서 지원했다. 과 특성상 취업이 잘되진 않았다. 누가 제대로 어디 들어갔다는 얘기를 못 들었으니까. 고등학교 때는 영문과에 가서 교수가 되고 싶었으나 심리학과로 대학원을 가겠다는 생각은 당시에는 없었다.

졸업이 다가와도 아무 생각이 없던 나에게 4학년 여름방학이 되자 삼수생 동기 언니는 일본어학원에 다니자고 했고 자격증까지 땄지만 그걸로 끝이었다. 일본어를 쓸 일이 없는데 왜 했는지. 지금 말로 오버스펙인 셈이다.

남부럽지 않게 사는 둘째 고모의 "여자애들은 항공사 지상직이 괜찮대"라는 말 한마디에 엄마와 모의하여 항공사에 취업시켜 준다는 학원에 등록을 했고 의도치 않게 잠시 경험을 쌓는다고 들어간 여행사에서 2년을 근무하게 됐다.

해외파트에다가 윗분들이 예쁘게 봐준 탓에 팔자에 있는지 없

는지 외국 여행은 참 많이도 다녔다. 그러다 IMF가 터졌고 회사
는 인원감축을 해야만 했다. 당시 처자식 있는 대리, 과장, 차장,
부장을 자를 수는 없었다. 퇴직금이 너무 많아 내보내지 못한다
는 소문의 상무님은 더더욱 감축 대상에서 빠졌다.

결국 미혼에, 어딜 가더라도 취업은 할 것 같은(?) 내가 정리해
고 1순위였다. 당시 여행사에 근무하는 여직원들은 고등학교 졸
업자가 대부분이라 입사할 때도 다들 '네가 왜 여길?' 하는 분위
기였기 때문에 정리해고도 어느 정도 감지는 했었다.

원해서 들어간 직장이 아니었기 때문에 억울함은 없었다. 그렇
지만 정이 들어, 헤어짐이 아쉬워 그들은 아마도 미안함에 송별
회에서 서로 부둥켜안고 울고불고 했을 뿐 그 이상도 이하도 아
니었다.

다시 이병헌으로 돌아오자면 그는 지금도 여전히 잘나가고 있
으며 오히려 나이가 들수록 매력이 넘친다. 이병헌이 나오는 광
고나 영화를 볼 때면 과거의 X세대인 나를 떠올리며 추억에 젖
는다. 동시에 지금의 X세대인 나를 쳐다본다. "나 아직 괜찮은
데" 하며.15)

---

15) '나 아직 젊은데' : X세대가 자주 경험하는 것으로 실제로도 젊은 몸이지만 마음은 더 젊기 때
문에 생기는 불일치. 신체 노화 나이와 정신연령이 점점 더 갭이 생기는 이유.

●● 90년대생의 꿈

····· 꿈이 있었는데요

Y에게 어릴 때 꿈이 뭐였냐고 물었다.

"언제 꿈이요?"

"뭐, 초등학교나 중학교 때?"

"그때는 대통령, 외교관이었던 것 같아요."

"오호~ 그러다가 언제 바뀌었어요?"

"…현실을 깨달으면서?"

30세 전후의 참여자를 보면 특히나 나의 그때가 떠오른다. 지금의 내가 볼 때는 그 누구보다도 젊고 무엇이든 의지만 있다면 걸리는 것 없이 할 수 있는 나이로 보이지만 30살의 나를 돌이켜보면 또 그렇게 자유롭지만은 않았던 것 같다.

Y는 본인이 진짜 하고 싶은 일을 빨리 찾은 사람은 좋겠다고 했다. 사실 경찰이 본인에게 잘 맞을지 고민이었다. 그러면서 얼마 전 십년지기 친구와 통화하면서 "이러다가 우리 마흔 살 돼도 이런 얘기하고 있는 거 아니냐" 했단다.

조급하지? 나도 조급해. 너희들은 과정 속에 있지만 난 이제 나다움을 찾아야 하는 시점이기 때문이거든. 다 마찬가지야.

있었는데요, 없었습니다

"살 집이 있었는데요, 없었습니다."

"일자리가 있었는데요, 없었습니다."

"손님이 있었는데요, 없었습니다."

"소득이 있었는데요, 없었습니다."

"꿈이 있었는데요, 없었습니다."

"희망이 있었는데요, 없었습니다."

"미래가 있었는데요, 없었습니다."

"웃음이 있었는데요, 없었습니다."

"또, 여러 가지가 있었는데요, 없었습니다."

인생에 설탕을 좀 쳐야 할까. 너무 쓰다….

EPISODE 2 ⟩······ **나오는 족족**

"선생님 애기는 몇 살이에요?"

"어, 이제 중1."

"아~ 하하하."

중1이라는 말에 다들 웃는다. '내년에 중2구나'라는 의미다.

"한참 남으셨네요. ㅎㅎㅎ."

그 말을 받아서 내가 농담을 친다.

"언제 키우냐는 얘기죠? 선생님은 아직 낳지도 않았잖아."

"저는 딩크족이라 애는 안 낳고 싶어요. 결혼도 엄청 신중해야 할 것 같고요."

옆에 선생님은 한술 더 뜬다.

"저는 결혼 안 하고 부모님이랑 계속 살고 싶어요. 호호호홍."

"캥거루족이에요? 어미 캥거루는 알고 계신가?"

퇴근길에 한참을 웃고 헤어졌다. 상담사를 떠나서 그들도 90

니트(NEET)족 Not in Education, Employment or Training
직장이 없어 부모의 도움으로 지내면서 학업이나 취업할 생각이 없는 15~34세의 청년을 가리킨다. 국민취업지원제도에서 실제로 언급하는 계층으로 참여자들 중 많은 비율을 차지한다.

프리터족(FREETER) Free(프리) + Arbeit(아르바이트)
특정한 직업 없이 다양한 아르바이트로 생활하는 젊은 층을 가리킨다. 1990년대 초반 일본에서 경제 불황으로 인해 직장 없이 아르바이트로만 생활하는 청년층에게 '후리터족'이라 붙인 신조어다.

딩크(DINK)족 Double Income, No Kids
정상적인 부부생활을 영위하면서 의도적으로 자녀를 두지 않는 맞벌이부부를 일컫는 용어다.

욜로(YOLO)족 You Only Live Once
지금 이 순간, 자신의 행복을 가장 중시하고 소비하는 태도를 가진 사람들을 이르는 말이다. 즉, 이들은 미래 또는 타인을 위해 희생하지 않고 현재의 행복을 위해 소비하는 라이프스타일을 가진다.

년대생이다. 아, 실제로 이렇게 느끼고 생각하고 있구나. 그건 그렇고, 나는 무슨 족일까?

일본에서 유행했던 '캥거루족'은 이제 우리 사회의 일상이 되어버렸다. 극단적으로는 60대 부모는 자식을 위해서 폐지를 줍고 공공근로로 운영하는 환경미화 일을 한다. 40대 자식은 일자리가 없다며 부모에게 용돈을 받아 쓴다.

실제로 1유형 선발형의 청년층 참여자 중 많은 경우가 부모님은 일하러 나가시고 본인은 취업공부나 구직활동을 하고 있다. 현장에서 체감하는 사회적 비용과 취업문제는 생각보다 훨씬 심각하다.

(EPISODE 3)····· **돈 버는 것도 너무 힘들어요**

Y는 가끔 배달 아르바이트를 한다고 했다. 어머니는 그 사실을 모르신단다.

"바람도 쐴 겸 운동 삼아 하는 거죠?"

"바람 쐴 겸은 아니고, 힘들어요. 그날 아르바이트 하고 오면 다음 날 못 하겠다 싶은 정도의….."

"그냥 노동이네요."

"네, 그렇죠. 노동."

좋게 생각하라는 의미로 말했지만 말하고 나서 '아차, 이건 아닌데' 싶었다. 얼른 수습은 했지만 개운치 않다. 시험공부 하는 중에 하루 빼서 나가는 아르바이트라 최대한 많은 건수를 하려다 보니 더 힘든 것 같았다.

자전거로 아르바이트 장소까지 이동하니 몸이 힘든 것도 있고, 사람들 시선도 그렇고, 비슷한 나이로 보이는 또래가 여자 친구랑 가는 걸 보면 부럽기도 하고 여러 가지 생각이 든다고 했다.

성장이란 단어보다 생존이란 단어에 익숙해진 지금 청년들의 일과다.

플랫폼 노동 : 최근 많은 청년 인구가 플랫폼 노동자로 일하고 있다. 플랫폼 노동은 정보통신 기술이 발전하면서 스마트폰을 통해 서비스하는 방식으로 새롭게 나타난 노동 형태이다. 우리가 잘 아는 배달 대행과 대리운전 등이 그것이다.
젊은 층에게 접근하기 쉬운 근로 형태로 실제로 많은 청년이 배달 대행 앱을 통한 아르바이트를 하고 있다. 플랫폼 노동에서 노동자는 소득이 일정하지 않고 플랫폼 정보 사용료를 내는 자영업자로 분류한다.
일의 특성상 안전보다는 빠르게 이동하는 것이 더 중요하여 사고 위험성이 높다. 최근에는 플랫폼 노동자들의 이러한 근로 환경을 바꾸기 위한 목소리가 높아지고 있다.

N잡러 : 사전적 의미로는 두 개 이상의 복수를 뜻하는 'N'과 직업을 뜻하는 'job' + 사람을 뜻하는 '〜러(er)'를 합한 신조어로 '여러 직업을 가진 사람'을 말한다.
N잡러가 되는 이유로는 대략 세 가지 경우를 들 수 있을 것 같다. 본인이 하고 싶은 게 많아 본업 외에 여러 부업과 취미활동을 즐기는 경우, 시대 변화에 대응할 수 있도록 전업이나 겸업을 하는 경우, 마지막 세 번째는 현실적인 이유로 하나의 일만으로는 경제적으로 힘들기 때문에 시간을 쪼개 어쩔 수 없이 여러 가지 일을 하는 경우이다.

'성장 같은 소리하고 있네'라는 소리가 들려오는 듯하다. 그들에게는 성장을 말하는 것 자체가 사치고 현실감각이 없는 것일지도 모른다.

"문송합니다"

나도 문과다. 문과에서 공부 좀 하면 영문과, 국문과로 대학을 갔던 시절이었다. 살아오면서 이과생을 부러워하거나 전공을 이과로 선택하지 않은 것에 대한 후회는 없었다. 내가 그런 쪽에 무딘 탓이었나. 대학 졸업하면서 취업이 잘 되지 않는 막연한 느낌은 있었지만 그것을 '문과라서, 이과가 아니라서'라는 잣대로 생각하진 않았다.

우리 집은 남편과 아이가 전형적인 이과라서 문과인 나를 두고 농담을 섞어 얘기할 때가 많다. 아이 과제를 할 때도 "이건 이과한테 물어보자", "역시 문과"에서 시작하여 "으이그, 이 문과야", "하여간 이과는 안 돼"로 끝날 때가 많다.

우리끼리의 장난이지만 이 시작은 문과의 자조적인 드립과 취업시장의 양극화에서 시작된 웃픈 현실을 반영한다.

"문송합니다"에는 두 가지 의미가 있다. 기본적인 과학지식을 모를 때와 취업시장에서 이과 출신만 찾을 때 "문과라서 죄송합니다"라는 뜻으로 사용한다.

전공별 일자리 현황

2014~2024년 대학 전공별 인력 수급 전망

	전공자보다 일자리가 부족한 분야(구직 어려움)			전공자보다 일자리가 많은 분야(구직 쉬움)	
순위	전공	남는 인력	순위	전공	부족한 인력
1	경영·경제	12만2000	1	기계·금속	7만8000
2	중등교육	7만8000	2	전기·전자	7만3000
3	사회과학	7만5000	3	건축	3만3000
4	언어·문학	6만6000	4	화공	3만1000
5	생물·화학·환경	6만2000	5	농림·수산	2만6000
6	인문과학	3만5000	6	토목·도시	1만9000
7	디자인	2만8000	7	의료	1만1000
8	음악	2만	8	미술·조형	1만1000
9	법률	2만	9	약학	9000
10	특수교육	1만9000	10	교통·운송	9000

출처 : 고용노동부(단위 : 명)

'문송합니다'만큼 유명하진 않지만 인문계 졸업생 90퍼센트가 논다는 의미의 '인구론'이란 말도 나오니 어쩌다 문과가 이 지경이 되었나 싶다. 상황이 이렇다 보니 문과생들은 뒤늦게 대학 전공과 달리 프로그래밍, 코딩 등의 IT 교육을 받으며 취업을 위해 안간힘을 쓰고 있는 상황이다.

실제로 내 참여자 중 조기취업자의 80퍼센트가 이공계였다.

본인이 알아서 취업한 케이스이고, 데이터가 적음에도 불구하고 압도적인 수치다. 하지만 코로나19로 인해 경기가 어려워지면서 이과생마저도 취업이 쉽지 않아 '이송합니다'라는 말도 등장하고 있다. 이과든 문과든 뭐든 쉽지 않은 세상이다.

대학 졸업자들의 고민을 정리하면 '전공 불일치, 적성 불일치, 경력 없음, 관련학과 및 자격증 없음' 등이다. 여기에 전문대 졸업생은 4년제 졸업생과 비교하고, 고졸자들은 학력 고민까지 얹어야 한다.

4차 산업혁명 시대에는 자신의 분야를 뛰어넘어 인문학적 소양을 갖추어야 한다고 한다. 빌 게이츠는 "인문학 없이는 컴퓨터도 있을 수 없다"고 했고, 구글 전 부사장 데이먼 호로비츠는 "이제 IT 분야에서 성공하려면 칸트를 읽어야 한다"고 했다. 자, 이건 무슨 말인가. 인문학이 중요하다는 소린가.

인문학이 필요하지만 그것만 해서는 안 되고 IT를 알아야 한다는 것이고, IT를 하려면 인문학을 공부하라는 뜻이다. 문과 전공자가 IT를 배우든, IT를 전공해서 인문학을 공부하든 둘 다 가져가야 앞으로의 세상에서 중심이 될 수 있다는 얘기일 것이다.

●●● 공시생

문과 애기를 하며 공시생을 거론하지 않을 수 없다.

내가 상담한 참여자 중 8~9퍼센트 정도가 공시생이었는데 그들 대부분이 졸업 후 특별한 경력 없이 있다가 2~3년 전부터 공무원시험을 준비한 케이스였다. 그러다 보니 공무원을 빼고 직종을 선뜻 정하기가 애매하다. 본인도 공무원 말고 다른 걸 생각해 본 적이 없기 때문에 '그래서 어떤 직종으로 취업하고 싶냐'는 물음에 하나같이 당황한다.

나는 국민취업지원제도 상담사다. 너무나도 당연한 물음인데 기습 질문을 받은 마냥 눈만 껌뻑인다든지 '아직 잘…'이라고 말끝을 흐린다.

다음 상담까지 고민해 보고, 직업선호도 검사를 해석해 주고, 최대 한 달하고 일주일의 시간이 주어짐에도 불구하고 직종을 결정해서 오는 경우가 드물다.

또 하나 공통점은 기본적인 컴퓨터를 다룰 줄 모른다는 것이다. 그래서 스펙의 기본 중 기본인 컴퓨터활용능력 2급, 1급 또는 ITQ 훈련을 추천하고 자격증 취득을 권한다. 실버층도 컴퓨터를 배우고 사용하는데 젊은 사람이 컴퓨터 프로그램을 쓸 줄 모른다고 하는 것은 취업을 안 하겠다는 얘기다.

마지막으로 의기소침해져 있다. 당연한 것이다. 그래서 상담할 때 최대한 자존심이 상하지 않게 조심스럽게 해야 한다. 말 한마디 한마디 신경 써야 한다.

이런 공통점을 가진 공시생들은 구직촉진수당 기간에 시험을 보고 안 좋은 결과를 받은 경우 6회가 다 끝날 때까지 그냥 지낸다. 대부분 뭘 하는지 모르겠다가 일반적이다. 채용정보를 줘도 별 반응이 없다. 아마도 당장 어디에 취업하기엔 준비해 둔 것이 없고, 가지고 있는 역량에 맞춰 눈을 낮추기엔 아쉬움이 남고, 다음 시험을 기약하면서 시간을 보내는 것으로 보인다.

EPISODE 1 --------•

"지금 생각하면 과거에 좀 더 치열하게 살았어야 하나, 그런 생각이 들어요."

중학생 때 혈혈단신으로 외국에 조기 유학 갔던 Y가 이렇게 얘기하니 '치열하다'는 기준을 얼마나 높여야 하는 건가 싶다.

찐문과 스타일의 Y는 귀국해서 '취업성공패키지'에 참여했다고 한다. 대학교까지 쭉 문과 공부를 하다가 졸업 후 직업훈련으로 이과 공부를 하게 된 케이스다. IT 관련 국가기간전략훈련을 배우면서 이과랑 안 맞다는 것을 더 확실하게 알게 되었단다. 그래도 훈련은 열심히 받았다고 한다.

"집에서 학원까지 2시간 가까이 걸렸어요. 그런데 한 번도 결석 안 했어요. 장마철이라 비가 엄청 왔는데 그런 날도 갔거든요. 비에 옷이 다 젖고. 가니까 다른 사람들은 많이 안 왔더라고요."

이렇게 훈련은 성실하게 마쳤지만 취업으로 연결은 어려웠다고 한다. 정확하게 뭐가 문제였는지는 묻지 않았지만 최종적으로 본인이 이 일을 해도 되겠다는 확신이 들지 않았던 게 아닐까.

'뇌 가소성'이라는 단어에서처럼 뇌는 얼마든지 변할 수 있고 문과나 이과 머리가 따로 있다고 단정할 수 없다. 하지만 학교 공부나 전공에서 문과와 이과가 구분되어 있다는 것은 그래도 적성이나 소질, 흥미가 어느 정도 따로 있다는 반증일 것이다. 당장 내가 이과가 될 수 없고, 남편이 문과가 될 수 없는 것처럼.

문과를 나와서 고전하고 있는 참여자들이 많다. 그들을 보면서 내가 생각하게 되는 것이 두 가지 있다. 하나는 시대의 흐름에 맞추어, 아니 미리 그 흐름을 읽고 진로와 전공, 직업을 전략적으로 가져갔어야 할까 하는 아쉬움이다. 반면 궁극적으로 내가 좋아하고 잘할 수 있고 진정으로 원하는 진로와 전공, 직업을 선택해야 한다는 생각도 여전하다. 과연 어떤 것이 맞을까?

어려서부터 글 쓰는 것 좋아하고 책 읽는 것 좋아했다는 Y가 나의 모습과도 닮아있다. 그래서인지 이 주제는 지금도 내게 많은 생각을 던져준다.

EPISODE 2

상담 중에도 '다나까'로 얘기하던 참여자 M.
소방공무원을 2년 전부터 준비했다는 그와 몇 마디 나눠보니 순수하고 건실한 모습이 느껴졌다. 아직 소방관이 된 것도 아닌데 젊고 어린 나이에 이런 친구들이 우리를 지켜주고 있구나 하는 생각에 든직하고 고마웠다.

언제부터 이쪽에 관심을 갖게 되었나 물으니 군대 있을 때 소방공무원과 대테러 훈련을 했는데 너무 멋있었단다. 훈련도 자기는 재미있었단다.

그 말을 듣는 순간, 되고 싶은 이유도 어린아이 같아 그 꿈이 꼭 이루어졌으면 했다. 그리고 실제로 될 것 같았다. 그는 이미 소방관의 모습이었다. 그래서 꼭 좋은 소방관이 될 거라고 얘기해 줬다. 감사하다며 웃는다.

한 달 후 발표일에 당장 전화하기 그래서 기다렸다. 사흘이 지났다. 연락이 없다. 안 됐나? 그럴 리가 없는데. 구직촉진수당 신청일도 다가와서 그냥 전화를 한다.

"…어떻게 됐어요?"

"아, 저 붙었습니다."

"정말요? 아니, 그럼 연락을 해줘야지. 암튼 정말 축하해요."

"아, 서류 준비하느라 정신이 없어서…. 죄송합니다. 안 될 줄 알았는데 됐습니다."

"제가 될 거라고 했잖아요. 좋은 소방관이 될 거라고."

"아, 네. 감사합니다."

여전히 다나까로 얘기하는 M.

얼마 후 합격증명서를 보내왔다.

'위 사람은 2021년 전국 소방공무원 신규채용시험에 최종 합격하였음을 증명합니다.'

나도 공무원 합격증을 본 건 처음이었다. 그냥 종이 한 장인데 여러 가지 생각이 스쳐 갔다.

그는 분명 좋은 소방관이 될 것이다.

DIARY

사이렌이 요란하게 울린다.

내다 보니 소방차가 지나가고 이어 앰뷸런스가 따라간다.

다시 소방차가 뒤를 잇는다.

예전 같으면 '아, 어디 불났나?' 하고 말았을 텐데

요즘은 소방관이 되겠다는 참여자가 떠오른다.

그리고 내가 괜히 긴장되고….

그러고 보니 오늘 최종발표일이다.

내게 사회적 관심이 생긴 것이다.

우리 모두 같이 사는 세상이기 때문에.

EPISODE 3

공무원시험 준비를 2년 동안 했다는 참여자 P. 문과를 나와서 간단한 아르바이트 경력 정도에 자격증은 없다. 스펙이라고 말할 것이 없다.

올해 공무원시험을 앞두고 집중이 잘 안 된다고 하던 P는 시험에 결국 떨어지자 어디든 가서 돈을 벌어야겠다며 편의점 아르바이트라도 하겠다 했다.

일반 사무직으로 지원한 회사에서 혹시 생산직으로 일할 생각이 있냐고 연락이 왔다며 내일 면접 보러 가겠다고 하길래 내가 만류했다. 본인을 진짜 생각해서 하는 말이라는 것이 전해졌을까. P는 감사하다며 전화를 끊었다.

이후 구직활동을 해도 잘 안 되던 중에 일경험 프로그램을 연계해 주기도 했다. 일경험 프로그램이 끝난 후 또다시 취업처를 찾다가 괜찮은 자리가 있어 연락을 했다. 밤낮이 바뀐 건지 자다 깬 목소리로 전화를 받는다.

유선상담을 하다 보면 참여자로부터 원하는 얘기가 한 번에 잘 안 나올 때가 있다. 특히 말수가 적은 남자 참여자들 경우는 더 그렇다. '그래서 저래서 이렇다'고 처음부터 얘기를 하면 좋을 텐데 본인도 여러 가지로 답답한 상황이고 상담사에게 다 얘기할 필요도 못 느낄 수 있다. 이럴 땐 인내심을 갖고 스무고개를 하듯이 대화를 해야 전체 얘기를 들을 수 있다.

"괜찮은 곳 같아서 연락드렸습니다. 어떠세요?"

"음…. 제가 다른 계획이 있어서요."

"네? 어떤 계획요?

"토익 공부를 좀 해야 할 것 같아서요."

"취업할 생각이라고 하셨는데 갑자기 토익은…?"

"필요할 것 같아서요."

"어디에 필요하다는 말씀이신지?"

"공사 같은 데는 토익을 보니까요."

"공사로 취업 준비하시려고요?"

"네."

"갑자기 마음이 바뀌셨나 봐요."

"어머니가 공사 준비를 하는 게 어떻겠느냐 하셔서…."

오간 대화를 다 쓰면 이 글을 읽는 분들에게 찐 고구마 한 접시를 물 한잔 없이 드리는 게 될 것 같아 생략한다.

P의 형은 공무원이다. 어머니 입장에서 작은아들이 안쓰러웠을 것이다. P의 부모님은 아마도 586세대일 것이다. 자녀가 공무원이 되거나 공사, 대기업에 들어가면 좋으실 거다.

90년대생의 부모님은 대졸자들이 잘되는 것을 보며 교육과 대학 진학에 몰두했다. 이것이 세계 최고의 대학 진학률을 찍었지만 동시에 학력 인플레도 낳았다. 대학 프리미엄이 없어진 것이다.

남의 집 아이 얘기는 쉽게 하지만, 내 자식이 되면 또 입장이 달라진다. 자녀를 생각하는 마음이 90년대생에게는 또 다른 고민의 굴레가 된다. 중요한 것은 본인이 나중에 후회하지 않을 선택을 해야 하는데 P에게서는 스스로의 의지가 그다지 많이 느껴지지 않았기 때문에 내심 걱정스러웠다.

내년이면 33세. 민간 기업에서 신입으로 입사하기 쉽지 않은 나이라 더더욱 현명한 결정이 필요한 시점이었다.

부모님 의견도 참고하되 본인의 의사결정이 중요하고, 정말 공사 준비를 하실 거라면 마음을 단단히 먹고 독하게 하시라고 당부했다. 이번에도 본인을 진짜 생각해서 하는 말이라는 것이 전해졌을까. P는 다시 감사하다며 전화를 끊었다.

#내자식아닌데 #아픈손가락 #우울함

4차 산업혁명의 특징 중 정보통신 분야를 중심으로 일자리가 늘어나고, 과학기술을 기반으로 한 직무 역량의 요구가 커질 것이라는 이야기가 있다.

실제로 최근에 이공계 대졸자의 과학기술 전문직을 중심으로 한 일자리의 변화가 눈길을 끄는데 그중에서도 석사, 박사 등의 고학력자에 대한 수요가 늘어나는 모습이 뚜렷하다. 이 또한 4차 산업혁명의 특징으로 더 전문적이고 폭넓은 문제 해결력을 요구하는 직무가 늘어나고 있다는 반증이다.

참여자 중에 공교롭게 같은 대학 이공계 석사졸업자 두 명이 있었는데 둘 다 S전자에 최종 합격했다는 소식을 전해왔다. 통계치가 현실로 나타난 것이다. 나는 진심으로 축하해 주었다. 동시에 그날 바로 직전, 통화한 다른 참여자들이 생각났다.

좀 전까지 백화점에서 근무하느라 바빠 동동거리며 근로계약 서고 고용보험 가입이고 못 챙기던 참여자, 아직 책만 파고 있을 공시생들, 2개월 아르바이트 자리 때문에 수당을 받을 수 있나 없나를 문의하던 참여자까지.

이과를 선택하지 않고 공부 안 한(?) 대가라고 치기엔 현재가 너무 가혹한 거 아닌지 물음표가 생기려던 찰나, 이 또한 정당한 노력의 결과라고 느낌표로 마무리해 버리고 싶은 마음 사이에서 갈등하던 중, 우산 장수 아들과 소금 장수 아들 생각에 비가 와 도 해가 떠도 괴로워하는 어머니가 생각났다. 내가 오늘 좀 오버 인가 보다.

#취업되도힘듦 #안되면더힘듦 #OTL

S전자 이야기가 나온 김에 최종합격통지를 받은 T와 마지막 상담 중 나눈 아주 짧은 인터뷰를 소개한다.

Ⓠ 9월 초에 출근하려면 일정이 많이 남았는데 그때까지 계획은 뭔 가요?

Ⓐ 글쎄요. 뭐, 코로나 때문에 갈 데도 없고 그냥 집에 있는 거죠.

Ⓠ 90년대생들 취업에 대해 어떻게 생각해요?

Ⓐ 힘들죠. 저는 운이 좋아서 된 거고….

제 형은 영상 쪽에서 일하는데 팀장이 인성이 이상한 사람이라 많이 힘들어하고 있어요. 입사한 지 이제 7개월 정도되었는데…. 그런 거 보면 이 취업이라는 게 돼도 힘들고 안 되면 더 힘들고 그렇네요.

Ⓠ 주위에 문과 친구들은 없나요?

Ⓐ 아는 동생 있어요. 전문대 나왔는데 지금 공시생으로 있어요.

Ⓠ 결혼 계획은요?

Ⓐ 아직 입사도 안 했는데 …(웃음)… 돈 좀 모아서 집 살 정도되면 그때 해야죠.

" 코로나와 90년대생 "

지금도 만나는 초등학교 시절 친구들이 있다. 나를 포함해서 네 명인데 당연한 얘기지만 X세대 네 명이 다 다른 삶을 살고 있다. 그리고 네 명의 X세대가 낳은 그 아이들은 M세대, Z세대를 거쳐 알파세대**16)**까지 있다.

그중 제일 먼저 결혼한 친구의 첫 아이가 올해 27살, 즉 M세대다. 한국에서 요리 관련 고등학교를 졸업하고 호주 대학에 들어갔다. 열심히 했던 모양이다. 현지 유명 호텔 정규직이 되었다고 좋아했고 우리도 축하했다. 그게 2019년 일이었고 2020년에

---

16) 알파세대(Generation Alpha)는 2011년부터 2025년도까지 탄생한 세대를 일컫는 말로 2018년 호주의 사회학자인 마크 맥크린들(Mark Mccrindle)이 정의한 용어다. Z세대 이후의 새로운 세대가 나타날 것을 고려하여 용어를 정의하던 중 마땅한 명칭이 없어, 고대 그리스 알파벳의 첫 글자인 알파를 딴 것이 그 시초가 됐다. MZ세대가 PC와 스마트폰의 영향을 받고 그 시초가 된 세대라면 알파세대는 본격적으로 스마트폰과 디지털 세계의 직접적인 영향을 받은 세대라고 할 수 있다. 출처 : 이주영, 〈Z세대 다음은 누구? '알파세대'가 온다!〉, 경기도뉴스포털, 2021. 08. 30.

한국에 돌아왔다고 하는데 이후 근황은 궁금하지만 아무도 묻지 못했다.

얼마 전에 그 친구가 먼저 얘기해 줘서 알았다. 딸아이가 호주 못 가고 매일 아르바이트만 하다가 제주도에 한 달 살러 내려갔다고.

어디 그 아이 뿐이랴. 코로나19는 전 세계에 재앙이지만 취업을 맞이하는 90년대생들에겐 대재앙이다. 특히 항공이나 여행업계로 취업을 생각했던 90년대생들은 진짜 쌍코피가 '코로 나'온다. 엎친 데 덮친 격이다.

CASE 1

우재근(가명) : "승무원 말고는 생각해 본 직업이 없어요."

▶ 참여자 스펙

> 대학교 다닐 때부터 항공사 객실 승무원으로 일하고 싶다는 생각을 했다.
>
> • 26세, 연기학과 졸업
> • 운전면허 1종 대형 자격증 보유
> • 직업을 선택할 때 급여 등 외적으로 보이는 모습을 중요시한다고 말함
> • 유관 직종인 호텔 관련 직업은 업무대비 급여가 낮은 것 같아 긍정적으로 생각하지 않음
>
> **담당 직업상담사 의견 :** 참여자의 선망직업이 승무원이긴 하나 코로나19 상황으로 인해 현실적으로 취업이 어려울 것을 이야기한 뒤 2, 3직종까지도 고려해야 함을 설명했다. 이에 본인도 현실을 수긍했지만 승무원 이외에 어떤

직업을 선택해야 할지 모르는 상태라 우선 직업선호도 검사 결과를 참고하여 직종을 결정할 예정

▶ **검사 결과와 희망직종**

• **직업선호도 검사 결과 :** SE형, 흥미코드(원점수-표준점수)

뚜렷한 사회형(15-52), 진취형(15-52)으로 나옴. 세 번째 코드로 예술형(13-52),네 번째 코드로 관습형(11-51)이 나와 함께 참고하며 상담했다.

• **희망직종 :** 1. 선박·열차 객실 승무원 2. 기타 사무원

▶ **직업상담 결과**

• 희망직종 취업 준비를 위해 컴퓨터활용능력 1급(실기) 자격증 취득과정을 수강하기로 함.

• 항공사 승무원의 꿈을 완전히 버리기엔 미련이 남아 범위를 넓혀 희망직종 1순위를 정하고, 차선책으로 2순위는 사무 쪽으로 정해 직업훈련과 구직활동이 가능하도록 취업활동계획을 수립했다.

• 어떤 직종이든 컴퓨터 사용은 기본 스펙이므로 관련 훈련을 추천해 진행한 케이스다.

김연이(가명) : "승무원이 아니면 비서 쪽 직업을 선택할까 해요."

▶ 참여자 스펙

똘망한 외모이며 말투에 약간의 근자감이 묻어있다. 출퇴근 시간은 좀 걸리더라도 대기업 정규직으로 근무하고 싶다고 한다.

- 23세, 항공관광학 전공
- 카페 아르바이트 경력 6개월
- 바리스타, TOPAS(항공예약실무) 자격증 보유
- 직업상담 후 직업에 도움이 되는 훈련을 받아 스펙을 업그레이드해 비서 직종으로 취업 희망

담당 직업상담사 의견 : 코로나19 상황으로 승무원은 현실적으로 취직하기 힘들다고 이야기해 비서 쪽으로도 취업을 생각 중이라 한다. 그 분야로 취업 방향성을 잡음

▶ 검사 결과와 희망직종

- **직업선호도 검사 결과** : CS형
- **희망직종** : 1. 비서 2. 법률 사무원(법원, 로펌, 법무사무소 등)

▶ 직업상담 결과

- 컴퓨터활용능력 1급(실기) 자격증 취득과정을 추천했으나 추후 필요할 때가 되면 수강할 생각이며 지금 당장은 토익 공부가 제일 필요할 듯하여 토익학원에 다닐 예정이라고 했다.
- 로펌 비서 쪽으로 취업을 희망해 구직활동을 했으나 잘 되

지 않아 범위를 일반 사무직으로 넓혀 진행했다. 가능하면 정규직으로 규모가 큰 회사에 취업하고 싶어 했다.

- 현실적으로 처음 생각했던 승무원이 될 수 없어 다른 직업을 찾자니 여러 생각이 든다며 호텔이나 관광 쪽으로 취업을 해볼까 생각한다고 했다.
- 최종적으로 금융계열 회사의 1년 육아휴직 대체계약직으로 취업했다. 회사에 적응하느라 조금 피곤한 것 빼고는 첫 직장이 완전 좋다며 기뻐했다.

CASE 3

지예수(가명) : "일본이랑 지금 사이가 너무 안 좋으니까요."

▶ 참여자 스펙

일본어를 전공했지만 최근 한일 관계가 악화해 취업을 앞두고 멘붕 상태인 참여자.

- 23세, 일본어 전공
- JLPT N2 자격증 보유
- 일본에서의 워킹홀리데이 일정이 코로나19로 불발
- 현재 한일 관계 악화로 전공을 살려 취업하기 힘들다고 생각함
- 일본어 전공을 살려 호텔, 일본 대사관 쪽 취업도 고려했으나 이 역시 힘든 상황이라 일반 사무직종으로 범위를 넓혀 취업해야 할 것 같다고 말함

담당 직업상담사 의견 : 욕심이 많지 않은 참여자라 현실적인 눈높이에 맞춰 조기취업으로 방향성을 잡기로 결정

▶ 검사 결과와 희망직종

- **직업선호도 검사** : CS형

- **희망직종** : 사무보조원(일반 사업체)

▶ 직업상담 결과

- ITQ(한글, 엑셀, 파워포인트) + 컴퓨터활용능력 2급(실기) 자격증 취득과정과 사무직에 필요한 훈련을 함께 수강하기로 함.

- 해당 참여자는 졸업한 지 얼마 되지 않았고, 순진한 성격인 동시에 사회성이 부족했다. 열정과 센스가 부족해 취업이 힘들 것으로 예상했지만 꾀부리지 않는 성실성을 무기로 알선취업에 성공한 케이스다.

CASE 4

김형은(가명) : "유럽 현지 여행사 가이드 일을 할까 했어요."

▶ 참여자 스펙

> 프랑스어를 전공한 참여자 역시 코로나19로 취업이 쉽지 않은 현실로 인해 첫 상담에 혼돈과 무질서 상태인 카오스(chaos) 상태로 방문함.
>
> - 24세, 프랑스어 전공
> - 운전면허 2종 보통, 컴퓨터활용능력 2급 필기 보유
> - 프랑스 현지 여행사에 취업하여 여행가이드 일을 하려고 했으나 코로나19로 다른 직종으로 취업 생각 중
> - 상품관리나 차트 분석 같은 업무가 본인 성격에 맞겠다고 생각하여 MD 쪽으

로 생각 중
- 온라인 세일즈 쪽 취업도 고민하고 있다고 함

담당 직업상담사 의견 : MD 쪽으로 취업을 생각 중이라고 하지만 관련 자격증과 업무 경험이 전혀 없음. 현실적인 조언과 함께 다른 직종 가능성도 열어두기로 함

※ 가끔 참여자들 중 MD 취업을 쉽게 생각하는 경향이 있다. MD를 우스갯소리로 'M(뭐든지)D(다한다)'의 약자라고 하기도 하지만 실무에서는 웃음기 싹 사라지는 살벌한 직업이다. MD 직종에는 경영 계열 전공자도 많고 직업적으로 요구하는 역량도 장난이 아니다.

▶ 검사 결과와 희망직종

- **직업선호도 검사 결과 :** SA형

  참여자는 사회형, 예술형으로 이 유형의 사람들은 타인의 시선을 많이 의식하는 편이라 직업도 그러한 성향이 영향을 미친다고도 한다. 예전 이와 유사한 검사들에서도 예술형으로 나왔다고 하는데 예술형답게 편집 디자인 쪽으로 취업하고 싶단다.

- **희망직종 :** 편집 디자인

▶ 직업상담 결과

- 처음 생각했던 MD 관련 취업은 쟁쟁한 전공자들이 많음을 인정해 자신은 디자인 쪽이 맞겠다고 결정했다.

- (출판)영상을 활용한 편집디자인(포토샵, 일러스트, 인디자인, e-book) 과정을 수강하기로 함.
- 짧은 훈련 후 취업하기보다는 제대로, 체계적으로 훈련받고 싶어 하는 마음이 강해 참여자 스스로 국가기간전략훈련을 검색해 와 훈련 추천서 등 관련 서류를 작성하고 응원을 보냈다.

CASE 5

고호준(가명) : "무슨 일을 해야 하나, 아직도 잘 모르겠어요."

▶ 참여자 스펙

하얀 얼굴에 목소리도 조용조용한 그는 취업과 관련한 지식이나 고민이 깊지 않아 보였다.

- 25세, 호텔경영 전공
- 워킹 홀리데이로 리조트에서 7개월 정도 근무경력
- 운전면허 1종 보통 자격증 보유
- 현재는 호텔경영이 아닌 다른 직종으로 취업을 생각 중인데 그마저도 확실히 정하지 못한 상태이고 일반 사무직 쪽 취업도 생각 중

담당 직업상담사 의견 : 아직은 정확한 선호 직종이 없어 진로를 고민 중이라기에 직업선호도 검사 결과를 참고하여 정하기로 함

▶ 검사 결과와 희망직종
- **직업선호도 검사 결과** : ES형

- **희망직종** : 1. 해외영업 2. 마케팅 전문가

▶ 직업상담 결과

- 해외기술 영업이나 글로벌 마케팅 쪽에 관심이 있다며 해외영업, 마케팅 전문가로 희망 직종을 정해왔다. 말 그대로 '희망' 직종이었다.
- 상담을 하다 보니 직종에 대한 이해나 지식이 거의 없었다. 컴퓨터활용능력 2급 자격증 공부는 독학으로, 토익 스피킹은 온라인 강의를 들으며 스스로 공부 예정이라고 함.
- 참여자가 작성한, 90년대에도 쓰지 않는 양식에 듬성듬성 쓴 이력서와 자기소개서 확인 후 1, 2차 이력서 첨삭 클리닉을 진행했다. 취업 준비를 해나가던 참여자는 직업상담을 받으러 올 때마다 하나씩 얻어가는 것 같다며 감사하단다. 그렇게 말해주는 참여자가 고마워 그의 성장을 응원해 줬다.

* 서비스직과 관련이 있어서인지 역시나 이들 모두 직업선호도 검사 결과 흥미코드는 S가 나왔다.
   - 위 CASE는 실제 상담일지 기재 방식과 다름

코로나19가 종식되고 나면 가장 하고 싶은 일 1순위가 해외여행일 것이다. 지금도 여행에서 못 푼 한을 보복소비로 푼다는데

나중에 코로나19 종식 뉴스가 나오면 어떻게 될까? 아마 항공권 구매예약이 상상을 초월할 것이다.

지금 날개를 접은 청춘들이 그때 맑고 푸른 하늘로 훨훨 날기를 기대해 본다.

#외로움 #차라리 #짜증

코로나19는 젊은 청춘들의 취업 날개를 꺾었을 뿐만 아니라 그들의 마음도 변화시켰다.

"외로운 것보다 짜증 나는 게 나은 것 같아요."

혼자 있는 시간이 많던 Y.

최근에 아르바이트를 하니 사람들을 만나면서 짜증 나는 일도 있지만 그래도, 그게 낫단다.

Y의 말을 듣자니 생각나는 책의 한 구절이 떠올랐다. 《김대식의 빅퀘스천》에는 외로움을 이렇게 말했다.

파스칼은 〈팡세〉에서 질문했다.

인간이 가장 두려워하는 것이 무엇이냐고?

대답은, 혼자만의 지루함이었다.

버트런드 러셀은 게으름이 선물하는 홀로 된 지루함을 찬양했지만,

인간은 대부분 혼자되는 순간 참을 수 없는 존재의 가벼움을 느낀다.

철학자 쇼펜하우어는 가장 이상적인 인생을 '홀로 함께' 사는 삶이라고 표현했다.

코로나19로 비대면이 일상화되면서 우리 모두 외로움이 가장 치명적인 내상이 되었다. 미취업상황이 길어지는 이때, 그들은 보이지 않는 곳에서 더 심한 상처를 키우고 있는지도 모른다.

외로운 선율을 찾아서 3

소강석

코로나 이후 우리는 동선을 잃었다

아침마다 핸드폰에 뜨는 확진자 문자

누군가의 동선

매일 우리의 식탁에는

불안과 우울, 의심과 회의가 오른다

혼자 있고 싶은 외로움마저 통제하는

낭만과 방랑의 소멸 사회

밤 11시 산에 오른다

그 누구도 나의 동선을 추적할 수 없는

외로운 선율을 찾아서.

《외로운 선율을 찾아서》 중에서

" 먼저 태어나서 미안해 "

Y대를 나온 아빠가 딸의 대학입시를 앞두고 난리가 났다고 한다. 자신의 학창시절 성적보다 딸의 성적과 등수가 좋은데 예상보다 못 미치는 대학에 지원하게 되자 집이 발칵 뒤집혔다는 것이다. 아빠는 회사에서 일만 하고, 공부는 엄마가 주로 관리하는 집의 흔한 풍경이다. 세상이 바뀌고 입시제도가 완전히 바뀐 것을 아빠만 모른다.

지금의 40, 50대 이상은 자신이 만약 20대 때로 돌아가 지금의 취업시장에 뛰어든다면 성공하리라는 보장이 없다는 것을 안다. 회사에 입사한 신입들의 스펙을 보며 놀라고, 그래서 지금 본인 자리가 얼마나 소중한지 안도감을 느끼며 퇴사 욕구를 참는다. 동시에 요즘 청년들에 대해 안쓰러운 마음을 느낀다.

"아니, 경력자만 뽑으면 신입은 어디서 경력을 쌓으라는 거예요. 에이, 이놈의 대한민국."

일본에서 유학하고 코로나가 터져 겸사겸사 귀국한 N은 농담 반 섞어서 진심을 내뱉는다. 서로 다 모르는 얘기도 아닌데 할 말이 없다. 그냥 웃는다.

방송국에 취업하고 싶어 했다. 에이전시를 끼고 면접을 참 열심히도 보러 다녔다. 초여름 날씨에 말끔하게 수트를 입고 온 그날은 상담 후 바로 면접이었다. 이런저런 조언을 해주다가 셔츠에 실밥이 보여 가위로 정리해 줬다. 약간 쑥스러워하며 고마워했다.

면접 본다고 결과를 장담할 수 없으니 그동안 필요한 훈련을 듣겠다고 여기저기 학원도 알아보고 나도 많이 챙겨줬다.

며칠 지나지 않아 방송국에 최종합격 연락을 받았다고 알려왔다. 1년 계약직이었지만 좋아했다.

N처럼 그래도 기술직이고, 중간에 누군가의 도움을 받고, 본인이 적극적으로 한 경우는 성공적이다. 나머지가 문제다.

신입을 뽑는다고 해서 채용공고를 자세히 보면 경력을 요구하는 경우가 많다.

슈퍼루키 super rookie는 원래 운동 쪽에서 뛰어난 기량이나 활약을 보여주는 신인 선수를 말한다. 이것이 취업시장에서는 경력직 신입을 의미하는데 어감이 별로라 쓰고 싶지 않지만 '중고신입'이라고도 한다.

이력서, 자소서를 쓸 때 '신입인데 뭘 써요?', '저는 경력 쓸 게 없는데요'라는 말이 제일 많이 나온다.

그래서 대기업에 가기 위한 경력을 쌓으려고 중소기업에 우선 취업을 하는 경우가 생긴다. 1년 경력을 쌓고 대기업 신입으로 들어가든가, 괜찮으면 2~3년 정도 일하다가 대기업 경력직으로 지원하려는 생각을 한다. 하지만 중소기업 경력이 대기업으로 연결되진 않는다. 이 경우도 신입으로 지원하는 것이 현실적인데 나이도 어쨌든 고려해야 한다.

EPISODE 2 ┄┄┄┄┄

"아, 진짜. 100:1, 200:1은 어떻게 해보겠는데 제 직렬 경쟁률은 800:1, 900:1이에요."

전기 관련 전공인 K는 우리나라에 공사란 공사, 공단이란 공단은 다 지원하는 듯했다. 문제는 경쟁률 숫자에서 보이듯이 그런 사람이 비단 K뿐만이 아니라는 얘기다. K 덕분에 대한민국에 공단, 공사가 이렇게 많은 줄 새삼 알게 되었다.

서류전형은 다 통과인데 항상 인적성 같은 시험에서 고배를

마셨다. 본인 말로는 아깝게 2점 차로 떨어졌단다.

넣을 때마다 자소서를 보내주면서 봐달라고 했다. 밤이고 주말이고 없었다. 나중에는 '얘 뭐지?'라는 생각이 들다가도 '그래, 절박하니까 그렇겠지', '내가 그래도 잘 봐주니까 계속 부탁하겠지', '나도 공부하는 셈 치고' 해줬다.

지원을 많이 하다 보면 본인이 가진 에피소드를 돌려막기 하게 된다. 그래도 질문에 맞게 조금씩 수정을 해야 하는데 K는 이전 회사 자소서에 썼던 문장 표현 그대로 복붙(ctrl+V)을 했다. 핀트가 안 맞는 것이다. 해주다가도 목구멍으로 이만한 게 올라온다. 그리곤 참는다.

세 가지 중에 하나겠지. 전공 공부하느라 정신이 없거나, 정말 모르거나, 나를 믿고 던졌거나.

EPISODE 3 ----·

자소서 폭탄을 던져주던 K에게 전화를 했다.

"통화 가능하세요?"

"아, 지금 병원이라서요."

나중에 통화 가능할 때 문자 달라고 하고 다시 전화한다.

"무슨 병원에, 왜 가신 거예요?"

"아, 허리가 아파서요. 계속 앉아있으니까 그런가 봐요."

"한의원? 정형외과?"

"정형외과요."

"너무 오래 공부해서 그렇죠? 스트레칭도 하고, 학교처럼 50분 하고 10분 쉬고 그렇게 해요."

"네, 진짜 그래야 할 것 같아요."

K와 통화를 끊고 잠시 후, Y가 대면상담차 방문했다. 오늘은 목에 부항 자국을 달고 온 Y.

"어, 목에. 왜 그래요?"

본인의 공부 자세를 시전하는 Y. 어깨를 잔뜩 웅크리고 목을 45도 아래로 꺾고 초집중 자세다.

"공부할 때 너무 고개 숙이고 하지 마세요. 경주마처럼."

"그죠. 공부 잘 하는 사람들은 어떤 자세로 할까요?"

음, 글쎄. 공부 잘한 내 자세는 어땠을까? 그가 가고 나서 잠시 생각해 본다.

위로도 조심해서 잘해야 한다. '아프니까 청춘이다'란 말은 당시 응원의 메시지를 담은 베스트 워즈Best Words였지만, 그 이후 힘든 상황을 넘어서 극한 상황이 지속되자 입에 올리기도 미안한 워스트 워즈Worst Words가 돼버렸다.

그들은 지금 청춘인데도 몸과 마음이 다 아프다.

　　" 머리 깎고 절에 들어가려고요 "

Y는 초기상담을 하던 중에 경찰공무원 시험에 대한 각오를 다지며 "떨어지면 절에 들어가려고요"라고 했다. 그 말은 절대로 가기 싫다는 뜻이다. 그리고 결정적으로 그가 기록한 인적 사항 종교란에는 '기독교'라고 쓰여있었다. 절에 들어갈 확률은 1퍼센트 미만이다.

#손편지 #종이책 #아날로그

"혹시 제가 시험에 안 되면, 그래도 나중에 취업을 할 수 있을까요?"

"당연히 할 수 있죠."

그러면서 나이가 있으니 더 잘해야 한다, 시험 준비로 공백 기간이 생긴 것을 자소서에 잘 풀어내고, 중간중간 아르바이트한 것도 긍정적으로 살리고, 제일 중요한 것은 본인의 의지고 간절함, 절실함이다, 이력서와 자소서도 정말 잘 써야 한다, 내가 클리닉을 해주겠다 등등 조언을 했다. 그러자 Y가 상담사님을 좀 더 빨리 만났으면 좋았겠다고 한다. 마스크를 써도 웃는 건 알 수 있다. 예전에 취업성공패키지를 할 때 만난 상담사는 그렇지 않았나 하니 고개를 끄덕인다.

다 끝나면 내게 손편지를 쓰겠다고 했다. 무슨 얘기 끝에 나온 건지 정확하게 기억나진 않지만 그때 내게 좀 고마운 맘이 들었나 보다.

나중에 책 얘기를 하다가 e-북(전자책)보다는 그냥 종이책이 좋다는 얘기도 했다. 이렇게 90년대생은 아날로그 감성을 가지고 있고 세대 간의 공통점도 많다.

역량에 비해 잘 안 풀리는 경우를 이해한다. 본인 얘기를 진솔하게 털어놓았고 듣는 내내 안타까움이 많았다. 진심으로 잘 되었으면 하고 바라게 되는 참여자였다.

외롭고 힘든 준비기간을 어렴풋이 짐작할 수 있기에 시험이 끝나면 뭐 하고 싶냐고 물었다. 영화도 보고, 책도 읽고 싶다고 했다.

2021년 8월. 경찰공무원 필기시험 있고 며칠 뒤 Y와 통화했다.

시험 난이도가 역대급이었고 특히 영어는 최상의 난도였다고 이미 기사화된 이후였다. 전국 경쟁률 평균이 20:1 정도였다. 다른 공기업 경쟁률에 비하면 낮지만 20명 중에 1명이라고 하면 체감이 달라진다.

안 되는 경우도 생각하고 있다고 했다. 그 말은 미리 마음을 비우고 더 이상 상처받지 않겠다는 뜻으로 들렸다. 발표는 시험 일주일 뒤였다.

시험 치고 이틀 후, 혼자 영화관에 가서 영화를 봤단다. 90년대생은 '혼영'도 잘 한다더니. 지금은 뭐 하고 있냐고 물으니 책 사서 보고 있다고 했다. 무슨 책이냐 물었더니 머뭇거리며 저자 이름만 얘기했다. 뭘까?

통화를 마치고 저자를 검색하니 책 이름이 나왔고, 나는 한참 동안 모니터에서 눈을 뗄 수 없었다.

《괜찮지 않은데 괜찮은 척했다》

발표가 난 다음 주, Y가 카톡으로 결과를 전해왔다.

떨어졌고 혼자 시간을 좀 갖고 싶다고 했다. 어떻게 할지 아직 정하지 못한 것 같았다.

'진짜 절에 들어가는 건 아니겠지?'

결정하는 데 그리 오래 걸리지 않았다. 보름 정도 혼자만의 시간을 가진 Y는 내년 시험을 다시 준비하기로 했단다. 중간에 잠시 통화했을 때는 예민함이 수화기 너머로 전해졌는데 오늘은 목소리도 예전 상태로 돌아왔다.

　어려운 가정 형편 속에서도 3년 준비하여 이번에 필기시험 합격한 다른 참여자의 사례를 들려주었다. "그저 그냥 하고 있다"는 현직 경찰의 건너들은 얘기도 덧붙여주었다. 이미 경찰에 대한 환상은 깬 지 오래된 Y였기 때문에 현실적으로 담담하게 얘기할 수 있었다.

　다 그렇듯 모든 일은 자신이 어떤 부분에, 어떻게 의미를 부여하느냐에 달려있다.

　　패배하고 어떻게 생각하느냐가 승리할 때까지 얼마나 걸릴지를 결정한다.

　　　　　　　　　　　　　　　　　　　　　　　　　－ 길버트 K. 체스터튼

7장

가치를 찾는 사람들

오랫동안 누군가를 사귀거나
오랫동안 어떤 일을 하게 되면
우리는 흔히 '애증'이 생겼다고 말한다.
오랜 기간이 아닌데
이 일은 참으로
내게 '애증'을 갖게 한다.

• • •

"어쩌다 직업상담사"

직업상담사 시험 교재로 유명한 출판사가 예전 회사 거래처였다. 그래서 '직업상담사'란 직업을 처음 알게 된 때는 사실 꽤 오래 전 일이다. 내가 이 일을 하게 될 줄은 말 그대로 '꿈에도 몰랐다'. 당장 내일 일도 알 수 없는데 10년 후 일을 어떻게 알았겠는가.

직업상담사가 되기 바로 전 직장, 그곳에서 30대 중반부터 내 모든 에너지를 다 바쳤었고 많은 일을 해냈다. 중간중간 위기는 반복적으로 찾아왔지만 운으로 깡으로 헤쳐냈고, 퇴사 3~4년 전부터는 노력만으로 이겨내기 힘든 상황이 계속되었지만 의리로, 정으로, 희망으로 버티고 참고 견디고 있었다. 나 스스로 끊어낼 수 없는, 남들은 절대로 이해할 수 없는 그런 게 있었다. 그런데 내가 못 하는 걸 코로나19가 해주었다. 어쩔 수 없이 연명하고 있던 산소 호흡기를 떼 준 셈이었다.

난생처음 실업급여를 받으면서 이전에는 못 했던 생각들이 머릿속을, 이전에는 없던 느낌들이 마음속을 휘젓고 있었다. 살면서 '나라가 나한테 해준 게 뭐가 있나' 하며 살았다. 아니 그런 걸 생각하지도 않을 만큼 그냥 편히 살았다. 사실 내가 낸 고용보험료 일부를 받는 건데도 그냥 고마웠다.

코로나19로 우리 가족은 외식을 끊고 필수 외출을 제외하고는 한 발자국도 나가지 않는 동안, 그리고 많은 의료진이 목숨을 걸고 고생하는 동안 뉴스에서는 아랑곳하지 않고 돌아다니는 사람들 모습이 전파를 탔다.

2020년 상반기에 〈시사IN〉과 KBS가 공동기획한 '코로나19가 드러낸 한국인의 세계' 시리즈에서 가장 눈에 띄는 결론이 있었다. 한국인들의 적극적 방역 참여에서 통계적으로 가장 강력한 변수는 '민주적 시민성'이었다. 이것이 높은 사람일수록 방역 참여 성향이 강했다.

민주적 시민성

"개인이 자유롭기를 바라지만 좋은 공동체 안에서만 진정으로 자유로운 개인이 가능하다고 믿는다."

'아, 저거구나. 내가 느낀 것이 바로 저런 거구나. 민주적 시민성.' 이 프로그램 시리즈에서 마이클 샌델 교수는 "코로나19 위기에서 가장 큰 정의의 문제는 혜택과 부담이 얼마나 잘 공유되는 가 하는 것이다. 전 세계적으로 '우리는 함께한다'는 구호를 듣고 있지만 일부가 지나치게 많은 위험을 감수하는 반면 누군가는 위험을 덜 부담하고 있다. 우리는 최전선에 있는 필수 인력들인 의사, 간호사뿐만 아니라 배달원, 식료품 점원, 창고 근로자, 경찰, 소방관, 위생 근무자들에게 의존하고 있으면서 정작 그들에 대한 대우는 제대로 하지 않고 있다"며 "좋은 대우를 받지 못하는 근로자들의 경제와 공동선에 대한 기여도를 어떻게 평가해야 할지 고심해야 한다"고 강조했다.17)

이런 상황들이 내게는 혼란, 분노, 안타까움이라는 감정과 사회라는 울타리, 나 혼자서는 살 수 없는 공동체, 공적 시스템 등 여러 단어들이 마구 뒤섞이면서 정체를 알 수 없는 무언가를 찾는 듯한 고민의 시작을 알리는 문을 열어주었다. 여기에 페이스북 CEO 마크 저커버그의 얘기도 내 마음을 굳히는 데 일조를 했다.

저커버그는 딸이 태어나자 편지에 자신과 딸 세대가 앞으로 해나갈 일을 상세히 밝히고 "세상을 보다 좋게 변화시키는 데 엄마, 아빠가 보유한 페이스북 주식의 99%를 쓰겠다"고 말했다. 액수로는 무려 450억 달러(약 52조 1,100억 원) 규모이다.

또 저커버그 부부는 "살아있는 동안 평등과 인간의 잠재력 증진을 위해 노력하겠다"고 선언했다. 덧붙여 "세상 모든 부모들처럼 엄마, 아빠도 네가 지금보다 나은 세상에서 살기를 바란다. 우리는 다음 세대의 모든 어린이들을 위해 세상을 보다 좋게 만들어야 할 도덕적 책임이 있다"라고 강조했다.

그처럼 많은 돈을 물려줄 수는 없지만 내 딸을 위해 내가 할 수 있는 일은 뭘까. 그 아이가 맞이할 앞으로의 사회가 좀 더 안전하고, 그래도 살 만한 세상이라고 느끼게 하고 싶었다. 일자리의 잠재적 기능을 생각하면 실직은 구성원뿐만 아니라 사회도 허물어지게 한다. 내 딸이 살아갈 사회가 허물어지는 건 안 된다.

"의사도 사람을 살리고 소방관도 사람을 살립니다. 메스를 들지도 않았고 불길로 뛰어들지는 않지만 저는 직업상담사도 사람을 살리는 일을 한다고 생각합니다. 개인의 자립과 성장을 돕는 일은 그 사람이 속한 가족의 삶을 바꾸고 사회를 건강하게 만들고 사회적 비용도 절감시킬 수 있겠지요. 궁극적으로 그런 일을 하는 사람이 직업상담사라고 생각합니다."

면접 때 했던 말이다. 진심으로 그렇게 생각했고 그래서 이 일을 해도 후회가 없겠다고 생각했기 때문에 당시 말하면서 가슴속 뜨거운 게 회오리쳤었다. 그때는 정말 그랬다.

" 직업상담사가 어쩌다 "

"오늘까지 더 나은 일자리 취업자 몇 명인지 보고하세요. 참나, 우리는 뭐 더 나은 일자리인가? 어휴."

229만 원. 2022년 기준 더 나은 일자리의 기준이 되는 금액이다.

숫자상으로 우리 직업상담사는 더 나은 일자리가 아니다. 비용은 상관 안 한다 치더라도 내 참여자의 '더 나은 일자리'를 구해주겠다고 열심인 상황은 누가 봐도 아이러니다.

2021년 첫 시행에, 정부주도사업인 국민취업지원제도는 필연적으로 그 안에 여러 문제점을 내포할 수밖에 없다. 많은 참여자를 응대할 상담 인원이 급하게 필요한 상황에서 제도매뉴얼 적용은 까다롭고, 충분한 OJT 없이 현장에 투입되니 처음 이 일을 맡는 상담사의 혼란은 1년 내내 반복된다.

지금도 채용사이트에는 국취 전담 직업상담사를 구한다는 정보가 계속 올라오고 있다. 그만큼 그만두는 사람이 많다는 얘기다. 급한 상황일수록 자격증 소지자면 누구나 뽑아서 부품처럼 대체하는 상황이 재현된다.

물론 이 '부품론'은 이 분야에만 한정된 것이 아니다. 거의 모든 직종에 만연되어 있다. 우리 직업상담사의 문제를 우리만의 국한된 문제로만 볼 수 없는 이유다.

직업상담사의 처우 문제에 대해서는 우리끼리 우려할 뿐 큰 목소리를 내지 않는다. '사회복지사에겐 복지가 없고 직업상담사에겐 직업이 없다'는 자조 섞인 농담도 이제 지겹다.

내가 겪은 국민취업지원제도 업무는 '직업상담사職業相談師'와 '취업알선원就業斡旋員' 사이에 '수당행정인手當行政人'을 끼워 넣은 꼴이다. 직업상담사의 '사'자가 '스승 사'인 것을 알고 잠시 혼란스러웠다. 이걸 좋아해야 할지 말아야 할지.

'사'와 '원' 사이에 '인'을 쓴 이유는? 수당행정사도 아닌, 수당행정원도 아닌, 그냥 수당 챙겨주는 '사람'인 것 같아서다.

이렇게 과거와 비교해 직업상담사의 업무가 '상담'이 아닌 '행정'으로 가고 있는 경우가 많다.

참여자의 잠재력이나 강점을 찾아내 비전을 세우고 성공적인 취업으로 이끄는 것은 교재에서나 있는 것이다. 현실은 이러한 것들을 진행할 수 있는 여건이 안 된다. 제한적인 심리검사도구와 촉박한 시간, 정해진 기한 내 알선취업에 대한 압박 등이다.

참여자와의 상담을 통하여 구조화하고 결과물을 만들어내는 과정보다는 그저 취업이라는 단기 결과에 매몰되는 상황인 것이다.

그럼 반대로 물어보자. 만약 상담만을 할 수 있다면 참여자를 위해 어느 정도 수준의 상담 서비스를 해줄 수 있을까?

DIARY

이상한 참여자 때문에 힘들듯이 이상한 상담사도 있을 것이다. 아니 분명히 있다.

이상한 사람들은 어디에나 있다.

이상한 학생, 이상한 교사, 이상한 환자, 이상한 의사, 이상한 고객, 이상한 직원.

문제는 이상한 참여자보다 이상한 상담사가 더 '문제'가 된다는 것이다. 어쩔 수 없이.

왜냐하면 참여자는 참여하기 위한 기준을 만들고 뽑는 것이 아니기 때문이다.

여기서 말하는 기준은 심사를 위한 재산소득 등의 기준을 말하는 것이 아니다.

'참여인'으로서의 예의를 비롯하여 어떤 인성적, 규범적, 양심적 기준에 따라 선발하지 않는다는 말이다.

물론 이런 기준들을 깡그리 무시하는 참여자들은 지탄받아야 한다.

하지만 상담사는 '직업인'으로서 기준이 있다.

기본적인 상담을 할 때 어떻게 해야 한다는 것이 있다.

그런 것을 지키지 않는 상담사는 최선을 다하고 제대로 일하고 있는 다른 상담사와 이 직업 자체를 깎아내리는 사람이다.

그래서 종종 직업상담사가 '전문가인가?' 물음을 던지게 된다. 이력서와 자기소개서 컨설팅 능력을 갖추지 못한 채 입직하는 직업상담사도 많고, 문서해석 능력이 부족하여 매뉴얼 이해를 못하거나 보고서 등 결과자료 정리를 이상하게 하는 경우도 있다.

스스로 이 업무를 잘할 자신이 있는지, 자격이 충분한지 고민하는 시간이 필요하다. 직업상담사가 되기 위한 자격시험 응시에 제한이 없으므로 사실 이 부분은 각자의 '자기검열'만 남는다.

결론적으로 지금 상황은 직업상담사의 업무를 하향평준화시킨 제도와 누구나 할 수 있게 된 상황이 시너지를 내면서 만들어낸 당연한 결과다. 지금 모두가 얘기하는 화두가 고용의 양보다는 질의 문제인데 다른 사람의 고용을 접점에서 도와주는 직업상담사 고용의 질은 거꾸로 가고 있다.

우리는 나쁜 일자리에서 열심히 일하는 사람들인가.

" 우리는 무엇을 하고 있는가 "

●● 우리가 살아가는 방법

8년 만에 아버지 산소에 들르기로 했다. 그동안 너무 무심했다 싶다.

가을 햇살이 차 유리를 뚫고 내 오른쪽 팔에 노크를 한다. 높고 푸른 하늘에 눈부시게 하얀 구름 좀 보라고 한다.

오랜만에 고개를 들고 바라보는 하늘에 넋 놓고 있는데 라디오에서 귀에 익은 멜로디가 나온다.

살면서 듣게 될까
언젠가는 바람의 노래를

세월 가면 그때는 알게 될까

꽃이 지는 이유를

나를 떠난 사람들과 만나게 될 또 다른 사람들
스쳐가는 인연과 그리움은 어느 곳으로 가는가

나의 작은 지혜로는 알 수가 없네
내가 아는 건 살아가는 방법뿐이야

보다 많은 실패와 고뇌의 시간이
비켜갈 수 없다는 걸
우린 깨달았네

이제 그 해답이 사랑이라면
나는 이 세상 모든 것들을 사랑하겠네

인터넷을 찾는다. 이 노래가 1997년에 나왔었구나. 원래 조용
필이 불렀고 처음 듣는 것도 아닌데, 그날 여가수 음색으로 새겨
들은 가사는 내게 특별하게 다가왔다. 인생에 대해 압축해 놓은
몇 줄에 복잡한 내 심경이 들켜버렸다고 할까.

1997년이면 IMF가 터졌던 해다. 당시 노래가 지금 코로나19
시기에 또다시 위로가 되는 것은 우연의 일치일까.

개인적으로 나의 삶에 왔다 간 많은 사람도 생각이 났지만 그보다 지금 내가 하는 이 일에서 만난 사람들도 떠올랐다.

그렇다. 내가 살아온 시간으로는 아직 모든 것을 알 수 없고 그저 살아가고 있는 것이다. 우리는 매일 즐거움과 괴로움, 작은 성공과 실패를 반복하며 살아간다. 그 속에서 힘을 다해 이겨내고, 버텨내고, 견뎌낼 수밖에 없다. 그리고 이런 우리는 서로를 위로하고, 위안 받고, 격려하고, 응원 받는 존재가 되어야 한다.

우리는, 직업상담사인 우리는 이런 일을 하고 있는 것이 아닐까? 아니면 적어도 이런 일을 하려고 했던 것 아닌가.

●● 의미가 전부다

어머니는 1945년생이다. 여든을 바라보는데 아프신 데가 하나도 없다. 외모 가꾸기에 그다지 신경을 쓰지 않는데도 60대 후반 정도로 보인다. 평소 이것저것 물을 끓여 드시고 제철나물과 채소 등 소식하며 골고루 드시는 것, 그리고 무엇보다 욕심이 없는 성격 덕분이다.

우리 아이를 키워주시고(나는 낳기만 했다), 나를 아직까지 고3처럼 뒷바라지해 주시면서 당신의 존재가치를 느끼시는 것 같다. 가끔씩 "너 챙겨줘야 해서 못 죽는다"고 말씀하시는 거 보면 진짜로 그렇게 믿고 계신 것 같다. 차려주는 밥 먹고 잠만 자고 나오는, 나와 남편은 생활만 보면 어머니에겐 딱 하숙생이다.

"삶에 의미가 있다면 인간은 모든 것을 견딜 수 있지만 반대로 삶에 의미가 없다면 어떤 것도 참을 수 없다."

《목적이 이끄는 삶》에서 릭 워런이 한 말이다. 그만큼 삶에서 의미는 다른 어떤 것보다도 중요한 역할을 한다.

일과 의미에 대한 글은 수없이 많고 모두 하나를 관통한다.

랭던 길키는 그의 책《산둥수용소》에서 '사람은 일을 해야 살아갈 수 있지만 자신이 하고 있는 일이 생산적이고 의미가 있게 느껴질 때만 이 일을 통해 영위되는 삶을 견뎌낼 수 있다'고 했다.

《사람은 무엇을 위해 사는가》의 저자 에드워드 하워드 그릭스는 '모든 직업에 있어서 하고 있는 일의 의미란 어떤 것을 해냈느냐에 있기보다는 자신이 하는 일을 통해서 얼마나 성장하는가에 있는 것'이라고 했다.

직업상담사는 사람들이 사회에 기여할 수 있고, 그들 스스로 가치가 있다고 느끼며, 의미를 찾을 수 있는 일을 계속하도록 도와야 한다.

'인간 누구나 의미를 찾으며 살아갈 가치가 있다.'

이것이 우리가 참여자들을 향해 가져야 할 가장 소중한 감정이 아닐까 싶다.

●● 행복을 찾아주는 사람들

"자신의 행복이 아닌 다른 목표를 추구한 사람만이 실제로 행복을 얻을 수 있다."

《존 스튜어트 밀 자서전》 중에서

"애가 인생이 바뀌잖아요. 완전히 업^{up} 돼 가지고…."

참여자 H가 돌아가자 동료 상담사가 내게 수고했다며 얘기한다.

전문대를 졸업한 참여자 H는 미용 일을 하고 싶다고 했다. H의 언니는 제과제빵을 배우라고 간섭하여 참여자와 갈등을 일으키는 중이었다.

휴대폰이 본인 명의가 아니라서 아이핀 발급을 알려줬는데 그것도 잘 안 되어 유선상담도 여러 차례 하며 덕분에(?) 라포 형성이 된 상황이었다.

카드발급을 현장에서 해결하기로 하고 3차 상담으로 만났다.

"잘 지내셨어요?"

"못 지냈어요."

"응? 왜요?"

사회성이 조금 부족해 보이는 H는 집안 문제도 있는 상황이었다. 언니와 티격태격했다며 팔에 멍을 보여줬다. 이런 분위기다 보니 H는 처음 방문에서 낯을 가리고 소극적인 느낌이라 나는 최대한 상담에 부담 없이 참여할 수 있도록 유도했다.

눈높이도 맞춰주고 어떻게 보면 초, 중학생 다루듯이 얘기를 이끌어나갔다. H는 말을 많이 하진 않아도 금세 내게 마음을 열어 상담 내내 밝은 표정이었다.

국민내일배움카드 발급부터 학원등록까지 챙겨서 마무리해주자 마스크 위로 웃고 있는 그녀의 눈이 보였다.

칼 융은 "행복이란 진정한 자신을 발견하는 일이며, 일에서 자신의 개성을 표현하는 것이 최고의 성공"이라고 했다.

H가 직업훈련을 무사히 수료하고 실제로 미용 일을 하기까지는 머나먼 길이 남았다. 그래도 지금처럼 한 걸음 한 걸음, H가 원하는 길로 걸어가 '행복'과 '성공'을 만나길 진심으로 기원한다.

●● 사람을 살립니다

한국자살예방센터의 정택수 교수님을 통해 이 일을 간접적으로 알게 되었다. 참으로 좋은 일이다. 나는 감히 생각도 못 할 일인데 대단한 분이다.

오랜만에 공항철도를 탔다. 뉴스 화면을 바라보는데 자막이 흘러간다. 예전에는 그냥 '아, 자살을 많이 하나보다' 했을 텐데 바로 검색해 본다.

…(전략)… 젊은 층의 자살 급증은 사회경제적 모순의 집약이다. 특히 20대 여성의 심리적 불안이나 절박감은 그 자체로 불행이다. …(중략)… 우선 경기 침체가 장기화하면서 경제적 자립의 핵심인 일자리 문제가 심각한 것으로 보인다.

이제 사회생활을 막 시작한 20대 여성은 남성보다 취업 기회가 적은 데다 취업을 하는 경우에도 임금 수준이 상대적으로 낮은 비정규 서비스업 비중이 높다. 따라서 작년 우리 사회를 강타한 코로나19의 타격을 가장 많이 받은 계층도 20대 여성일 가능성이 크다.

통계청의 2020년 사회통계에 따르면 청년기 여성의 자살 충동 이유는 '경제적 어려움'(21.5%)이 가장 많았고, '실업·미취업 등 직장문제'(18.5%), 가정불화(15.6%), '외로움·고독'(14.1%), '신체적·정신적 질환·장애'(12.1%) 등의 순이었다. …(후략)…

출처 : 연합뉴스 2021. 10. 1.

그리고 생각해 본다. 우리는 그 이전 단계에서 움직이는 사람들이 아닌지.

오랜 실직으로 인한 절망의 상황에서 어느 쪽으로 갈 것인가?

---

18) https://www.yna.co.kr/view/AKR20210930161600002?input=1195m

그 갈림길에서 밝은 쪽으로 갈 수 있도록 작은 도움을 줄 수 있는 그런 일을 하는 사람이길 바란다.

●● 왜 이 일인가?

"우리는 무엇을 하고 있는가?"

이것은 '나는 왜 이 일을 하는가'와 같은 질문이다.

직업상담, 진로상담, 심리상담, 코칭, 사회복지사 업무, 사무행정, 수당지급….

국민취업지원제도를 진행하면서 내가 하는 업무들이다. 많은 역할을 오가며 그때그때 능숙하게 처리해야 한다.

수당을 지급하는 업무에 대해 나는 부정적으로 생각하지 않는다. 중요하고 필요한 업무라고 생각한다. 다만 주객이 전도되면 안 된다. 직업상담보다 다른 업무 비중이 높아지는 건 잘못되었다는 것이다.

옆길로 새면, 사실 직업상담과 취업알선(매칭), 수당지급(행정)을 세 파트로 나누면 성과로는 가장 효율적일 것이다. 시도를 안 해서 그렇지 의지만 있으면 가능한 부분이다.

세계적인 이슈로 떠오르는 기본소득을 잠시 가져와 보자. 구직촉진수당도 어떤 의미에서 보면 그런 성격이다. 논란이 되고 있는 '기본소득이 일할 의지를 꺾을 것인가, 아닌가'는 어느 한 쪽이 맞다고 할 수 없다. 내가 본 참여자들도 그랬고, 사람에 따라 다른 양상을 보인다.

누군가는 수당을 받음으로써 일할 필요와 시기를 유보시키고, 누군가는 의미 있게 사용하며 더 나은 취업상황으로 나아가기 위한 디딤돌로 활용한다. 후자인 경우 내게 수당지급 업무는 '의미 있는' 일이 된다. 어떤 일이든 내가 의미를 스스로 찾으면 된다.

'내가 얼마나 많이 변화할 수 있는 일인가.'

이것이 인생의 가치를 크게 좌우한다. 스스로 변화하고 성장한다는 것은 큰 기쁨과 즐거움, 치유까지도 제공할 수 있기 때문이다. 그 힘은 타인을 돕고 인생을 달라지게 할 수도 있다. 그리고 그것은 다시 나에게 그대로 돌아올 것이다.

그런 의미에서 누군가를 돕는다는 것은 나의 생존이 달린 문제다.

오늘 참여자 I의 취업고민 상담을 해주었다.
생각이 너무 많아 오히려 고민이 깊은 I.
스스로 결정을 내릴 일이지만 많은 조언을 주었고 고맙다고 전화를 끊었다.
훈련부터 진로까지 뭐 하나 쉽게 가지 않는 그녀.
사실 매번 상담 때마다 지친다.
곧이어 말주변 없는 참여자 ○의 훈련 등록까지 여러 차례 학원과 통화하며 대신 마무리해 주었다.

상담을 마치고 나니 옆자리 상담사가 내게 얘기한다.

"선생님은 진짜 컨설팅을 많이 해주시는 것 같아요."

"네?"

"도움을 진짜 많이 주시는 것 같다고요."

쑥스러운 마음에 "아, 그래요? 근데 실적으로 연결이 안 되잖아" 하며 손
사래를 친다.

그래도 옆 사람이라도 알아주니 반분이라도 풀린다.

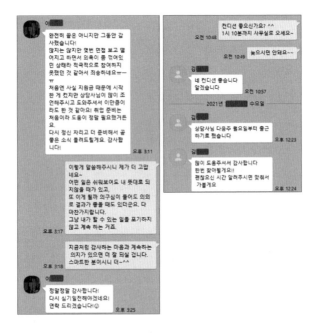

'고맙다', '감사하다'는 말을 이렇게 많이 들을 수 있는 직업도 흔치 않다고
생각한다. 이것만으로도 참 괜찮은 일 아닐까.

"4차 산업혁명과 직업상담"

세상에는 '안정 지향'의 사람들이 있다. 나 또한 그렇다. 다양한 직업을 거쳐왔지만 그것은 도전 의식이 강해서라기보다는 호기심이 있었고, 낙천적인 성향이 가져다준 나에 대한 자신감 때문이다. 새로운 것에 거부감은 없지만 불확실한 것을 좋아하진 않는다.

이것은 우리 부모 세대에 많이 나타나는 유형이기도 하다. 불과 한 세대 전만 해도 '안정 지향'이 좋은 선택지였다. 그러나 현시대에 안정은 존재하지 않는다. 엄청난 속도로 변화하는 사회에 안정이란 개념은 사라진 지 오래다.

이런 세상에서 안정을 찾는 유일한 방법은 불안정을 받아들이는 것이다. 연속된 불안정을 능숙하게 다루는 사람만이 안정을 찾을 수 있다. 퇴사 후 혼란스러움을 간직하는 것처럼.

4차 산업혁명을 거론하는 지금이 그렇다. 모든 것이 불확실하다. 미래학자들, 세계적인 석학들, 그리고 그 분야 내로라하는 전문가들의 전망도 다 다르다. 장밋빛과 잿빛, 그 사이 중간색까지.

사회 전체적으로는 효율성이 향상되는 것처럼 보이는데 개인의 단위에서는 삶의 위협 요인으로 다가온다. 내가 하는 일도 언젠가 인공지능에 의해 대체될지도 모른다는 생각을 하면 누구나 막연한 불안감이 들 것이다.

도대체 세상은 왜 이리 빨리 돌아가는가. 그 세상을 움직이는 것도 인간이 아니던가. 가끔 이런 게 너무 피곤하게 느껴질 때가 있다. 솔직히 '누구를 위한' 기술혁신인지 모르겠다. 그래서인지

DIARY

모든 지구인이 선행학습을 해야 하는 처지에 놓인 상황,
미래를 받아들일 준비가 되어 있는가.
미래를 살아갈 준비가 되어 있는가.
미래를 누릴 준비가 되어 있는가.
이 글을 쓰면서 어쩔 수 없이 아이 공부에 소홀해졌다.
앞으로의 세상은 지금의 공부와는 다른 패러다임인 것을 알기에 조급한 마음을 버릴 수 있었다.
글을 손에서 놓으면 다시 잔소리쟁이 엄마로 돌아갈지 모르겠지만 예전과는 다름이 분명하다.
가속화되는 인류의 발전을 잠시 멈춰 보고 지구상의 생태계가 조화롭게 사는 방법을 찾아보는 것이 어떨까.

'네오러다이트[19]'라는 단어도 그냥 지나쳐지지 않는다.

　미래에는 정치, 경제, 산업, 교육 등 모든 분야에서 전방위적인 변화가 서로 맞물려 돌아가야 할 것이다. 그래서 우리 스스로가 만든 인공지능을 우리 직업에서 창의적으로 활용하고 능숙하게 다룰 수 있어야 한다. 그러려면 사람의 가치를 찾고 올려야 한다.

　4차 산업혁명 시대에는 인간이 할 수 있는 고유한 영역의 중요도가 높아진다고 한다. 인성, 협동심, 공감능력 같은 것이다. 인공지능과 공존하는 시대에서 살아남으려면 무엇이 필요할까?

　결국 '인간적'인 어떤 것이 우리가 찾는 것이 아닐까. 이 '인간적'이라는 말도 여러 가지로 해석할 수 있겠지만 그중에 '창의성'과 '협업'을 꼽고 싶다. 창의성은 많이 다루는 특징이니 협업을 좀 더 들여다보자.

　협업을 좀 더 '인간적'으로 풀어 설명해 보자면 '다른 사람을 도와주는 마음'이라고 생각한다. 직업상담사는 물론이고 우리가 가진 '이타적인 마음'이 이러한 격변의 시기를 이겨내는 하나의 방법이 될 것이다.

---

19)　새것을 뜻하는 Neo와 18세기 영국에서 산업혁명에 반대해 일어난 기계파괴운동인 Luddite를 합성한 용어로 첨단기술의 수용을 거부하는 현상을 의미한다. 산업혁명으로 인해 기계에게 일자리를 빼앗긴 것처럼 IT나 통신분야에서의 신기술 발전으로 일자리 감소를 우려해 신기술의 도입에 반대하는 것을 말한다. [네이버 지식백과] 네오러다이트[Neo Luddite] (시사경제용어사전, 2017. 11., 기획재정부)

#4차산업혁명시대 #직업상담사 #어떤모습

우선 이 질문을 해야 한다.

"4차 산업혁명 시대에 우리 직업상담사는 계속 살아남아 있을까?"

내 대답은 "그렇다." 확실히 그렇다. 농담을 섞으면 지금 이 급여라면 기계로 대체하는 초기비용이 더 비쌀 수 있기 때문이다.

자, 다시 돌아와서. 미래에는 인적 사항과 이력 및 경력, 적성검사 등을 입력하면 그 사람에게 맞는 직업이 쭉 뜨고 클릭 한 번이면 채용정보도 맞춤식으로 제공 가능할 것이다. 알고리즘에 의한 이런 정보 전달의 역할은 AI가 할 것이고 다만 AI가 해줄 수 없는 영역을 인간인 우리가 제공해 줘야 하는데 그게 무엇일까?

정보를 지속적으로 체크하고, 데이터를 해석하고, AI가 추천하는 직업과 채용정보 중에서 어떤 것이 최상의 선택인지 조언하고, 이런 모든 과정에서 적극적인 지지자이면서도 현실적인 조언자로서의 역할을 할 것이다. 즉, 단순 '일자리'가 아닌 진정한 '일'을 찾기 위한 방법을 함께 고민하는 '상담사'가 될 것이다.

아마도 AI가 알고리즘에 의한 데이터를 제공한다면 알선취업의 비율도 월등히 높아질 것이다. 이렇게 지금 행정 중심의 직업상담사 역할이 축소되고 진정한 의미에서 사람들이 '일'을 하며 미래를 영위할 수 있도록 돕는 것이 4차 산업혁명 시대 직업상담사의 모습이다.

다시 말해 사람들에게 '가치 있는 존재'로 느끼게 하고, '자존감'을 높이고, 일을 할 수 있도록 '동기부여'를 함으로써 결국 인간다운 삶을 살아가도록 돕는 역할을 해줘야 할 것이다.

그렇게 될 때 직업상담사가 좀 더 사람들에게 인정받고 스스로 자랑스러운 마음을 가지게 될 것이다. 이것이 발전한 모습의 직업상담사다.

"그래도 이 길을 간다면"

동료 상담사의 참여자가 여자 친구에게 직업상담사를 해보라고 권했단다. 그 얘기를 전해주는 사람도, 듣는 사람도 헛웃음이 났다. 그 말은 이 일이 '편해 보인다', '좋아 보인다'라는 의미 아닐까.

실상은 전혀 편하지 않다. 좋아 보일지 모르지만 우아한 백조처럼 물 밑에서 발이 안 보이도록 동동거리고 있다. 참여자에게는 편안한 상담을 진행해야 하니 편하고 좋아 '보일' 것이다. 그들이 문밖으로 나가는 순간, 손이 안 보이도록 입력을 해대는 우리 모습은 '보이지 않을' 테니 말이다.

직업상담사는 아무나 할 수 있지만 아무나 해서는 안 되는 직업이다.

우리 이렇게 얘기하지 않는가? 다른 직업은 몰라도 의사는, 교사는 인성 보고 뽑아야 한다고. 이 말은 단지 '돈벌이'로만 봐서는 안 된다는 생각 때문이다. 사람을 살리는 일이고, 사람을 키우는 일이기 때문이다. 직업상담사는 사람의 가치를 찾아주는 일을 하는 것이 아닐까.

우리의 삶은 많은 부분 '일'이 차지하고 있다. '일'을 매개로 하는 우리 직업 특성상 경우에 따라 한 사람의 인생에 지대한 영향을 미칠 수 있기 때문이다. 그래서 퇴근 후에도 끊임없이 공부하고 역량을 키워 전문가가 되어야 한다. 이 월급에 이렇게까지 해야 하나 싶은 사람은 이 일을 계속하기 힘들 것이다.

이 일은 결코 만만한 일이 아니지만 참여자가 고맙다고 직접 기른 채소를 주실 때, 취업했다고 비타500 한 박스 사올 때, 챙겨줄 때마다 감사하다고 카톡 보내줄 때, 이 일을 계속하게 만드는 에너지가 된다.

《보랏빛 소가 온다》의 작가 세스 고딘은 《더 프랙티스》에서 다음과 같이 말한다.

> "힘든 일을 하고 나서야 비로소 그 일은 소명이 된다. 과정을 믿어야만 비로소 열정이 생긴다. 좋아하는 일을 하라는 건 아마추어들을 위한 말이지만 지금 하고 있는 일을 좋아하라는 건 프로가 외우는 주문이다."

'좋아하는 것을 한다'는 것이 '하기 싫은 일은 안 해도 된다'는 의미가 아니다. 좋아하는 일에도 힘든 부분은 반드시 있다. 하지만 좋아하는 것을 위해서라면 힘듦이 아깝지 않고 어려움을 뛰어넘어 성장할 수 있다.

나의 지식, 경험, 재능을 활용하고 잠재력을 살리는 것은 최고의 행복감을 안겨준다. 누군가를 행복하게 만들어주는 일을 하면서 돈도 벌고 나도 성장하기 때문에 상대방과 내 인생이 더 좋아진다. 단 남의 행복을 위해 나를 희생해서는 안 된다. 그것이 대한민국의 수많은 직업상담사들이 행복하게 일을 해야 하는 이유다.

나도, 참여자도 같이 행복해져야 대한민국 국민 모두가 행복해지는 것을 모르지 않을 것이다.

"세상에 가치 있는 무엇인가를 했을 때 인간은 행복을 느낀다."

― 아리스토텔레스

비카스 샤의 책 《생각을 바꾸는 생각들》에서 저자는 "우리 인생에서 가장 소중한 것은 무엇인가"라는 질문의 답이라고도 할 수 있는 "어떤 인생을 살아야 잘 살았다고 할 수 있는가"라는 질문을 《12가지 인생의 법칙》을 쓴 조던 피터슨에게 던졌다. 조던 피터슨은 이렇게 말했다.

"한마디로 요약하자면 이렇게 말할 수 있겠네요. '만일 이 세상의 문제들, 즉 자신과 가족을 비롯해 사회의 여러 문제를 해결하기 위해 기꺼이 시간을 할애하고 있다면 그 사람은 괜찮은 인생을 살고 있는 것이다'라고요."

직업상담사 일을 하는 동안 우리는 최소한 괜찮은 인생을 살고 있는 것이다.

'투명한 유리병을 흔드니 핑크빛으로 변한다. 아름답다.'

'잠시 멈추고 바라보니 이내 핏빛처럼 붉은 기름과 물로 분리된다.'

이상과 현실의 완벽한 부조화다.

원하는 핑크빛을 보려면 계속 흔들어야 한다.

이상과 현실을 구분하지 않아야 한다.

혼란스러운 나날이 계속되었다.

머리가 아팠다.

답을 찾아야 하는데….

깨달음을 얻어야 하는데….

참여자에게, 그리고 나 스스로에게 긍정적으로 할 수 있다고 말하
다가도 문득 '이렇게 힘든 상황에서 희망을 가지고 열심히 하면 된

다고 이야기하는 게 어떤 의미가 있을까.'

중심이 없는 듯 이리저리 휘둘리는 느낌이 불안했다. 싫었다.

조심스러웠다. 책에 어디까지 담아야 하나 고민이 많았다.

내가 이런 얘길 써도 되나 두려움도 있었지만 입을 틀어막을
수록 더 하고 싶은 말들이 떠올랐다. 손을 묶으려 할수록 더 쓰
고 싶었다.

나는 평범하다. 운동권도 아니었고, 정치에 무신경했고, 다른
사람을 돕는 데 관심도 없었다. 철학은 나와 먼 것이었고, 삶이나
인생에 깊은 고민도 없었다.

20, 30대를 그냥 내가 좋아하는 일, 내가 할 수 있는 일을 하
며 보냈다. 굳이 나랑 상관없는 것처럼 보이는 그런 것들을 생
각할 필요가 없는, 평안한 시간 속에 살았다고 하는 것이 맞는
것 같다.

이 글을 쓰기 시작했을 때, 내가 무엇을 말하고 싶은지 정확하
게 알지 못했다. 어떻게 전개될지도 몰랐다. 열린 결말이었다. 하
지만 쓰면서 나만의 답을 조금씩 찾아갔다.

또 90년대생들을 만나면서 새로운 관점을 갖게 되었다. 세대
의 고민이 아닌 시대의 고민을 하게 되었고 이 책의 많은 부분이
그렇게 해서 나왔다.

내가 생각하는 것을 글로 옮겨놓는 행위는 지금까지의 경험을 정리하는 선에서 끝나지 않고 과거를 되돌아보고 현재를 확인하고 미래를 생각하기 위한 길로 불러내 준 신선한 체험이었다.

직업상담사 일을 하면서 많은 90년대생과 MZ세대를 만나는 행운을 누렸다. 취업 소식을 알려온 그들에게 감사하다는 말을 듣게 되어 기쁘다.

직업상담사는 좋은 직업이다. 나 혼자가 아닌 더불어 계속해서 성장해 나가기 때문이다.

직업상담사로 몰입해 살면서 이 업에 '애증'이 생겼고 좀 더 직업적으로 인정받고 싶다는 욕구도 생겼다. 그래서 이 책을 완결해야 한다는 이유가 점점 더 분명해졌다. 직업상담사란 '미래를 만들어가도록 도와주는 사람'이라는 것을 깨달았고 그 일을 충실히 할 수 있도록 다른 직업상담사에게도 도움을 주고 싶었다.

이 책은 내가 지나온 그 자리에 머물고 있는 이들을 위한 것이다. 내 책 앞에 서있는 그 한 사람이 과거에 힘들어하던 또 다른 나였음을 알기 때문이다.

어떤 부분은 공감하고 또 어떤 내용은 동의하지 않는 메시지도 있겠지만 이 책이 누군가에게는 의미, 가치, 성장을 가져다주기를 간절히 바란다.

그해 뜨거웠던 여름부터 다음 해 치열했던 봄까지의 나를 돌아본다.

그리고 오늘, 좀 더 깊어진 나를 마주 보고 있다.

5년 후, 지금보다 더 성장한 모습의 나를 내다보며 미소 짓는다.

중앙경제평론사 Joongang Economy Publishing Co.
중앙생활사 | 중앙에듀북스 Joongang Life Publishing Co./Joongang Edubooks Publishing Co.

중앙경제평론사는 오늘보다 나은 내일을 창조한다는 신념 아래 설립된 경제 · 경영서 전문 출판사로서
성공을 꿈꾸는 직장인, 경영인에게 전문지식과 자기계발의 지혜를 주는 책을 발간하고 있습니다.

어쩌다 직업상담사

초판 1쇄 인쇄 | 2022년 3월 23일
초판 1쇄 발행 | 2022년 3월 28일

지은이 | 강미교(MiKyo Kang)
펴낸이 | 최점옥(JeomOg Choi)
펴낸곳 | 중앙경제평론사(Joongang Economy Publishing Co.)

대　　표 | 김용주
기　　획 | 백재운
책임편집 | 정은아
본문디자인 | 박근영

출력 | 삼신문화　종이 | 한솔PNS　인쇄 | 삼신문화　제본 | 은정제책사

잘못된 책은 구입한 서점에서 교환해드립니다.
가격은 표지 뒷면에 있습니다.

ISBN 978-89-6054-294-5(03320)

등록 | 1991년 4월 10일 제2-1153호
주소 | ㉾ 04590 서울시 중구 다산로20길 5(신당4동 340-128) 중앙빌딩
전화 | (02)2253-4463(代) 팩스 | (02)2253-7988
홈페이지 | www.japub.co.kr 블로그 | http://blog.naver.com/japub
페이스북 | https://www.facebook.com/japub.co.kr 이메일 | japub@naver.com
♣ 중앙경제평론사는 중앙생활사 · 중앙에듀북스와 자매회사입니다.

도서
주문
www.japub.co.kr
전화주문 : 02) 2253 - 4463

중앙경제평론사/중앙생활사/중앙에듀북스에서는 여러분의 소중한 원고를 기다리고 있습니다. 원고 투고는 이메일을
이용해주세요. 최선을 다해 독자들에게 사랑받는 양서로 만들어드리겠습니다. **이메일** | japub@naver.com